解码青春期
如何陪伴十几岁孩子成长

［美］乔希·西普（Josh Shipp） 著　李峥嵘　胡晓宇 译

THE GROWN-UP'S GUIDE TO TEENAGE HUMANS
How to Decode Their Behavior, Develop Unshakable Trust, and Raise a Respectable Adult

CS 湖南教育出版社

谨以此书献给以赛亚——我最爱的少年，
我为你感到自豪。

本书无法代替医学建议、诊断或治疗。如果您急需帮助，或者您和家人身陷危机，请迅速联系当地有资质的心理健康咨询师、拨打救助热线，或者带孩子到当地的急诊室治疗。

本书由大卫·蒂歇（我才华横溢的挚友）和我合作完成。

这本书能帮助你了解青少年，进而对其施加积极的影响。对于家长、青少年工作者、教育工作者，以及以其他身份从事青少年相关工作的人来说，本书既激励人心，又非常实用。

——萨洛姆·托马斯（Salome Thomas）

全美优秀校长，作家

作为一名母亲和教授，我觉得这本育儿书籍让人耳目一新。乔希的书饱含真情、风趣幽默，而且有理有据，能帮助你与青少年和谐相处。

——金伯利·艾伦（Kimberly Allen）

北卡罗来纳州大学青年·家庭·社区科学系博士

我一直致力于帮助商界领导人灵活地应对那些关系重大、分歧严重、冲突激烈的情形。可是，我知道为人父母教育孩子情形更为复杂。乔希的书见解深刻，有理有据，它耐心地教给父母对孩子该说什么、如何去说、保持怎样的心态，能让父母和孩子都敞开自己的心灵之窗。

——约瑟夫·格雷尼（Joseph Grenny）

《纽约时报》畅销书《关键对话》合著者

把一名青少年培养成才需要战胜很多挑战。乔希·西普的书为家长提供了许多这方面的实用方法，能帮助父母有效地应对一些棘手的问题。相信读者能从中学到一些新的策略，学会如何帮助青少年树立自信心，培养必要的技能，从而帮助孩子走向成功。

——约翰·米勒（John Miller）

《问题背后的问题以及抚养有责任感的孩子》作者

身为人父，我能切身体会到乔希的见解是多么实用。书中的方法有效实用，能帮助父母从容应对孩子在青春期最让人困囧的情况。

——都灵·理查兹（Doyin Richards）

父权倡导者，疯狂传播网站和《父母亲》杂志撰稿人

我在事业上的成功和影响源自于一些老师和有爱心的成年人。在我性格形成的青春期，他们在我身上倾注了很多的心血。乔希·西普的书告诉成年人应如何坚持原则、如何正确看待问题、如何创新思维，这些宝贵的知识能帮助他们一步步引导青少年走向成功。

——杰克·坎菲尔德（Jack Canfield）

《心灵鸡汤》系列丛书的合伙创建人之一，《成功原则》的作者

目录 | CONTENTS

写在前面的话　　　　　01
序言：每个孩子都需要一个"罗德尼"　　　03

第一部分
三种关键的思维模式

第一种思维模式：青少年比看起来更需要你　　　03
第二种思维模式：游戏规则已经变了，因此，你也得变　　　15
第三种思维模式：你需要帮助　　　36

第二部分
青春期的不同阶段

准确地诊断　　　61
11~12 岁：天真、多变、缺乏安全感　　　64
12~14 岁：好奇、易怒、不稳定　　　67
14~15 岁：合群、冲动、喜欢寻根问底　　　70

i

15~16 岁：叛逆、冒险、勇于尝试　　73

16~17 岁：标新立异、理想化、不切实际　　76

17~18 岁：关注未来、积极主动、对未来有畏惧心理　　79

第三部分
应对青春期常见的挑战

人际关系以及交流沟通方面的挑战　　85
 1. 让孩子懂得承担责任、学会道歉　　88
 2. 当孩子辜负了你的信任时，你该怎么办　　96
 3. 建立明确、成文的家规　　101
 4. 如何改善与孩子的交流　　111

艰难而令人尴尬的谈话　　116
 1. 如何与孩子谈论性　　119
 2. 如何与孩子谈论死亡　　126
 3. 如何说服孩子获取帮助　　130

危险或令人不安的行为　　136
 1. 每位父母必须知道的七个警告信号　　139
 2. 我担心孩子患上了饮食失调症　　141
 3. 我担心孩子在发泄怒气　　146
 4. 我担心孩子在吸毒　　155
 5. 我担心孩子在发送色情短信　　163
 6. 我担心孩子正在自残　　168
 7. 我担心孩子压力过大　　172

青少年与科技产品带来的麻烦　177
　1. 健康的屏幕时间限度　180
　2. 帮助孩子斟酌他们在网上发布的内容　186
　3. 帮助孩子认识色情内容的种种危害　191
　4. 帮助孩子应对网络欺凌　198

学校和教育的种种挑战　204
　1. 该如何思考学业和教育　211
　2. 如何帮助孩子在新经济条件下获得成功　219
　3. 如何应对一名不好的或者不公平的老师　224
　4. 帮助孩子对付欺凌者　232

结语：你的声音比你想象的更重要　240

乔希·西普提供的资源

每个青少年都需要听到的 8 句话　245
间接了解孩子"今天在学校过得怎么样"的 21 种问法　247
与孩子建立良好关系的 42 个方法　249
孩子（现在还）写不出来的信　252
青少年使用手机的相关协议　254
与乔希合作　258

致谢　261

写在前面的话

本书旨在帮助那些正在照料青少年或者与青少年打交道的成人。

你可能是他们的父母①、老师、教练，或者祖父母。

他们可能是你的孩子、学生、队员，或者孙子女。

为了把这本书写得尽可能规范易懂，我们提出的许多建议以及给出的很多情形都是从父母的角度考虑的。然而，所有的想法都可以根据实际情形变通，这本书适用于几乎所有关爱青少年的成年人。

因此，在本书的其余部分，我会使用以下缩写。

父母 = 任何父母、教育工作者、教练、导师或者有爱心的成年人。

实际上就是你。

你的孩子 = 你家里、教室里或者在你照料下的任何青少年。

为你正在做的事情向你表示感谢。我真诚地希望这本书对你有所帮助。

---

① 作为父母，或许你认为婴儿会让家庭变得美好，只是你没有想到，婴儿有一天会变成叛逆的青少年。

序言

每个孩子都需要一个"罗德尼"

我是个孤儿，曾经生活黯淡，毫无希望。像我这样的人，注定会无家可归，也许会坐牢，甚至早早地夭折。看看统计数据就知道了，大约20%的孤儿最终无家可归，能够上学并拿到大学学位的不到3%，只有50%左右的人在24岁前能找到一份有薪水的工作。

这还不够，那时的我铆足了劲把自己的境况弄得更糟糕。我很顽固，经常做出愚蠢的选择，并且怨气冲天。所有这一切都是我14岁时候的事。

那么随后发生了什么事呢？

罗德尼出现了。

搬去和罗德尼同住以前，我已经精通了如何让收养家庭踢出去的技术，速度之快令人眩晕。我就像冯·特拉普上校的孩子们的单人翻版，用荒唐滑稽的行为赶走养父母。

没错，我刚刚提到的是《音乐之声》，我的意思是：我的目标就是被人们踢出去。确切地说，我对自己的情形已经变得麻木，毫不关心，以至于把它当成了一场游戏。实际上，我一直在记日志，在一个有着黑白斑驳封面的美德牌日记本上，记录着我多快能被收养家庭踢出去的统计数据。

第一栏：我到达某个家庭的日期

第二栏：我被踢出去的日期

第三栏：为了被踢出去，我使用的策略

目标：刷新最快纪录，这个记录曾经一度保持在不到一周就被踢出去。

实际上，我非常害怕，而日志能让我有一种控制住什么东西的感觉。因为孩子说不出来的东西，会在他们的行动中体现出来。

我不相信任何人，特别是大人。我一出生，亲生父母就抛弃了我。这使我沦为俄克拉荷马州的一个孤儿。因为我生命中第一对成人没有留在我的身边，辜负了我的信任，我不公正地认为随后接触到的所有大人也一样，他们是一丘之貉。

有段时间我住在教养院里。一天晚上，一个大男孩偷偷地摸进我们的房间，强暴了我和其他一些小男孩。没有人阻止这种恐怖的事情，没有人介入干预。

对孩子来说，生活在一个他们不相信会有成人来照顾他们的世界里太苦了。它让孩子产生一种可怕的焦虑和孤独感，让孩子觉得这世界上的一切都不确定。

要应对这样的重负太难了。在步入青春期之前的一段时间里，我曾备受欺凌，感觉孤苦无依，生命毫无意义，我甚至吃过一瓶药，想要结束自己的生命。我理解不了一个没有人可以信任的世界。

重申一下：有些东西孩子不会说出来，但会在他们的行动中体现出来。

就在这个时候，罗德尼出现了。

作为孤儿，经常会碰到一些令人不快的事，其中之一就是人们把新"父母"随随便便强加于你。十分钟之前，这些人对你来说完全是陌生人，然而，十分钟之后，某个社会工作者说道："乔希，过来见一下你的新妈妈和新爸爸。"

上七年级前的那个夏天，我出现在了罗德尼家门前的台阶上。那年我十四岁，肩负重担——不是行李，而是情感负担。很明显，十四年来形成的负担当然不是罗德尼的错，不过现在成了他要面对的问题。

乍一看，罗德尼似乎根本不是我的对手。他没有受过专业的心理训练；没有等级证书来证明他能对付得了像我这样一个异常叛逆的青少年；也没有很明显的或者势不可挡的技巧或才能。他只是一个普通的中西部男人，肥胖的体型有点儿像小写字母B，还患有嗜眠症。这可不是我编的，这一点千真万确。有时候，罗德尼会在没有任何预兆的情况下突然睡着了，就像有线电视频道令人费解地突然没信号了一样。过一会儿他会猛地醒来，而且，夜夜如此。

这绝对是我碰到过的最容易对付的对手。

善意的社会福利工作者临别时给了我一些忠告——一些类似于这样风格的话："别辜负这些好心人，行吗？同时我要提醒你，纵火是违法的。"这些忠告对我来说不过是耳旁风。我搬进了罗德尼的房子，立即就开始实施我的游戏计划：让他们把我从这里踢出去，越快越好。

我开始了自己典型的序曲。我设法让人讨厌；我到处挑衅，目中无人；我毫无感激之心，毫不领情；我粗野无礼；我从学校商店偷多力多滋玉米片；我在操场上聚众饮酒，被勒令休学；我篡改学校的电脑文件，试图修改自己的成绩，第二次被勒令休学；我放火烧东西；我偷偷地开着罗德尼的福特锐界车去兜风野炊。这些都是我的杰作。总之，我是个威胁，是恶作剧的疯狂舞者。

三……年……后。

我还是甩不掉这家伙！罗德尼就是不肯把我踢出去。

这让我很恼火。

但是记住我是个孤儿，这意味着我肯定养成了一种不屈不挠的精神。毕竟，说到底，不屈不挠只是有目标的固执而已。当时我是有目标的。罗德尼还真跟我杠上了，因此我不得不升级我的游戏来扭转局势。

我发现俄克拉荷马州育空市有一家小银行能给我开一个支票账户。我先在账户里存了大约100美元，然后我着手开一些10000美元左右的空头支票。在我看来，支票被发现无法兑现之时就是我重获自由之日。有张空头支票我用来支付了车险。在俄克拉荷马，如果你不支付车险的话，当地的车管所就会暂停你的驾驶本。

我开车去俄克拉荷马州斯蒂尔沃特旅行，在限速 65 英里/小时的 35 号州际公路上，我以至少每小时 85 英里的速度飞驰着超过了一辆警车。我没有上保险、没有有效的驾照。于是，我被戴上了手铐、扔进了警车的后车厢、送进了监狱。

我犯法了，就要变成另外一种统计数据了。

哎，一旦登记过了，他们就允许你打一个电话，我打给了罗德尼。

我：罗德尼。

罗德尼：唉。

我：是我。嗯，嗯，听着。我真不知道该怎么说这事儿，不过我做了一件蠢事，现在在斯蒂尔沃特的监狱里。稍后我会解释一切。你能来这里把我保释出去吗？

罗德尼：（长时间的沉默）

我：罗德尼？罗德尼？（我以为他的嗜眠症又发作了）

罗德尼：乔希，我会去保释你。但是得等到明天。再见！（电话挂了）

我当时简直要发狂。不过，我知道罗德尼（一位历史老师兼一个中学的足球教练）有他自己的处事箴言："不要把孩子从失败或成功中保释出来，因为这两种情况都能让他们学到东西。"

罗德尼说话算话，第二天早上他就赶来把我保释出来了。回家的路上我们什么也没说，情形极其尴尬。要知道，我刚刚和许多陌生人在监狱里过了一夜。你在十七岁的时候，肯定不会和其他在押人员闲扯。

车子在家门前的车道上停了下来，罗德尼说道："我们需要坐下来谈谈。"

我知道，三年后，我终于成功了，我让罗德尼崩溃了。我脑子里想着该如何收拾自己的东西，并在我的日志上添加一个新的条目。

我得澄清一下：我并不怪罗德尼想把我踢出去。他宽厚仁慈，并且真正地努力过了。因为我，他让自己麻烦不断。而我却毫不领情、蛮不讲理，用彻头彻尾的刻薄卑劣来回报他。坦率地说，换成是我，我也想把自己踢出去。

罗德尼和他的妻子克里斯汀让我在客厅里坐下来，我们开始谈话。这种谈话我以前听过好多次。

罗德尼：乔希。你可以接着惹事、接着与我们做对、接着演……（他的声调变了）你那笨脑袋难道想不明白吗？孩子，我们不把你看成一个难题，我们把你看作是一个机会。

然后是沉默。

"噢，不！"我想，"他在教训我。我宁愿被踢出去也不想听这样庸俗透顶的煽情演讲。"

但是，紧接着一波不同的情绪袭来，彻底击垮了我的愤世嫉俗。我意识到，罗德尼已经证明了他的决心，他待我始终如一并且非常坚定。他接受了完整记录了我人生的卷宗——上面涂满了污点与记号——他还发现了在他之前的成人没有发现的东西。

他预想到了我可能会变成的样子。

我们不把你看成一个难题，我们把你看作一个机会。

这句话成了我人生的转折点。

* * *

现如今，你不一定非要是个孤儿，才会面对那些看起来似乎不可战胜的挑战：

- **每年有 3200 万青少年受到欺凌**

  据报道，15%的青少年曾遭受过网络欺凌，还有，将近20%的青少年说他们去年在学校受过欺负。

- **每年有 120 万青少年辍学**

  这意味着每天有 7000 名学生辍学。而且，每年入学的新生中大约 25% 将不能按时毕业。

- **青少年正受着毒品的麻醉**

  十个瘾君子里头有九个是在十八岁之前便开始吸食毒品。

- **青少年正面临着危险的抉择**

  在过去的一年里，全国 22% 的学生在学校里被人引诱过、兜售过，或者免费给予过非法药品或毒品。在过去的一个月里，将近 17% 的青少年至少有一天携带着武器。

- **青少年常常感到前途渺茫**

  全国有超过 30% 的学生报告说，他们在连续两周或者更长时间里情绪特别低落，感觉毫无希望，以至于他们停止了一些日常活动。

- **悲剧的是，我们的青少年正在自杀**

  目前，自杀已成为 15~24 岁这个年龄段的人死亡的第二大主要原因。在美国，平均每天有超过 5400 个七年级到十二年级的年轻人企图尝试自杀。

  这些数据不是来自资源匮乏，贫困落后，或在其他方面苦苦挣扎的社区，这些数据代表着所有的社区：既包括单亲家庭，也包括双亲家庭；既包括富人和中产阶级，也包括贫困线以下的家庭。这是青少年整体的状况。而且，每一个青少年距离成为一个统计数据，只差一个决定。

  从统计数据上来说，我注定要无家可归，也许会坐牢，甚至过早地夭折。可是，我没有。为什么呢？

我没有成为一个统计数据是因为一个有爱心的成人、一个并不完美可是非常坚定执着、有爱心的成人，他叫罗德尼。

希望你能明白，我不只是在讲一个孩子迷途知返的励志故事，不是为了新奇有趣，鼓舞人心，让人感觉到正能量。让我带你看一下哈佛大学的最新发现吧。

关于罗德尼们的研究[①]

哈佛大学建立了"儿童发展中心"，就是想弄明白，如何改善他们所说的"孩子的结局"。他们着手研究孩子的适应能力，想弄清楚：是什么让一些孩子克服了严峻的挑战却让其他孩子在困难面前屈服？最终取得成功的孩子有什么共同点？

他们的发现如下所示：

适应力强的孩子唯一的共同点是，这些孩子与给予他们支持的父母、看护人或其他成年人之间保持着至少一种稳定、忠诚的关系，身边至少有一位支持鼓励他们的父母、看护人，或其他成人。这种关系能针对孩子的个人需要做出及时响应、给予支持、提供保护，从而减少孩子发展过程中受到的干扰。这种关系同样会帮助孩子培养一些关键的能力——比如计划能力、监督能力和调控能力——这些能力能够让孩子对逆境或顺境做出适当的回应。

这项社会科学研究来自世界上最令人尊重的大学之一，证实了你我从生活中本能地知道的一些东西。

[①] 大量精彩有趣的研究表明，真正的影响只需一个有爱心的成人就能造就。如果你和我一样喜欢"沉迷于"这种研究，那么沿着一系列尾注读到最后吧。

每个孩子距离成功只差一个关心他们的成人。

每个孩子都需要一个"罗德尼"。

谁是你的罗德尼?

你也拥有一个罗德尼,对吗?一个即使你不配拥有却仍能看到你最好的一面的人;一个一心为你的人;一个适时地训你一顿的人;一个当你在生活中跌倒的时候愿意聆听你吐露心声的人。你之所以是现在的样子,就是因为那个罗德尼。

本书的目标就是帮助你成为尽可能好的"罗德尼"。

我所知道的是:在如何真正地帮助你的孩子方面,我根本比不上你;没有人能比得上你。

在对孩子的一生所产生的影响中,与你相比,我甚至都触及不到他。不过,我确实知道不少关于青少年的事情,或许能够为你提供帮助。貌似我一直在不遗余力地想用我光鲜的简历来博取你的信任。好吧,下面就从我的简历中摘取一些条款来赢得你的信任。

- 在过去的十年里,我和全世界超过两百万青少年及关爱青少年的成年人交谈过。我把帮助成人了解青少年,帮助青少年了解他们自己,作为我毕生的使命。
- 我帮助问题青少年的行为被制作成了电视纪录片《青少年的烦恼》(*Teen Trouble*)系列,在美国女性综艺电视台以及美国有线电视频道播出。
- 我曾经做客奥普拉脱口秀、早安美国、20/20、纽约时报以及其他无数媒体,为大家阐述我对青少年养育的见解。
- 我创建的组织"一个有爱心的成人"为全世界的父母、教师,以及照料青少年的成年人提供多种实用的资源,帮助他们促进青少年成长。
- 我的一生中从来没有输过四子连珠的游戏。

除此之外，在教育孩子方面我还有一些个人经验。我是两个孩子——伦敦和卡蒂的父亲。尽管我有丰富的专业知识，可是有时候我觉得自己根本不具备做理想中那种父亲的资格。有时候我会发脾气，会因为内心的不安全感而发泄情绪，会变成一个大傻瓜。有时候，由于我的不成熟，我的做事方式会跟自己在书中提出的建议大相径庭。可是我拼命地想成为一位好父亲。我想竭尽所能帮助我的孩子们在生活中顺利起航，最终把他们培养成为有用之才。

诚然，你我素昧平生，可是，因为你正在读这本书，所以有一点我很清楚：你想成为一个更好的父母，你希望这本书能帮助你实现这个目标。

本书的目标：给父母希望和实用的策略

写这本书之前的筹备过程中，我和我的团队发现，读者对家教育儿类书籍评价最多的就是这些书"富有哲理却不够实用"。

我和你一样，觉得这点太令人沮丧了。没有什么比这更糟糕的了：知道需要做点儿什么，可是却不知道该怎么去做。我们希望这本书能够给你带来真正的希望，以及真正可操作的策略。为了达到这个目的，本书包含了三个部分：

第一部分：三种关键的思维模式

前三章集中讲述了我和我的团队通过研究那些在教育青少年方面卓有成效的父母、教育者、教练，以及看护成人而形成的三个主要的认识。如果你想对青少年施加积极的影响，那么你就需要学习领会这三个认识，转变自己的思维模式。这部分内容将让你看到希望，能帮助你在为人父母的历程中充满信心。

第二部分：青少年成长的各个阶段

青少年处在快速变化的阶段。在一个由研究人员、心理学者、科学家和一群看护人组成的庞大团队的帮助下，我们提炼了关于青少年最典型的特征，凝练成了易读、易消化的简要说明。这些说明概述了青少年从11~18岁每一年要经历的一些特殊变化。我们也明确地概述了在每一个阶段培育青少年的大人们需要做什么，可以采取哪些关键的行动。这部分内容将帮助父母分析青少年的行为举止和需求。

第三部分：应对青春期常见的挑战

这里有一个"选择你自己的历险"清单，列出了你可能会面临的问题和状况；针对这些问题和情形，我们会指导你如何帮助青少年成功地穿过这片雷区，使他们（和你）的成人之旅更快乐、更完整、更健康。这部分内容包括一步步的引导，可以参考借用的台词，以及几十年来从世界顶级专家的经验中收集来的最好的模板，能帮助你对孩子的生活施加深刻的影响。

做一个罗德尼

首先我要感谢你，因为你是一位对青少年充满关心的成人。青少年是不可思议的准大人，身上混杂着强烈的不安全感和惊人的才华。他们满怀对美好诱人未来的希望，憧憬着几乎不可能的光明前途，就好比他们出门前可能忘记穿鞋子了。和青少年打交道意味着要同时应付一枚硬币的正反两面。

在我的办公室里，有一副匾额，上面写着："我相信孩子们是我们的

序　言

未来。好好教他们，未来的路让他们来引领"。

还有一副匾额，写着："我相信我能飞翔"。

还有一副写着："不要停止相信"。

事实上，我并没有这些匾额。但是我理应拥有它们，因为它们是亘古真理。关心青少年、积极工作，让他们的生活更美好，确实事关重大。这可不是自我感觉良好的煽情电影。这是板上钉钉的真理。我如此热爱这项事业是有原因的，因为这是我的故事，我就是这么过来的。我曾经的经历就能有力地证明，一个有爱心的成人能在青少年的生活中产生重大影响。

我们需要成为那种能帮助青少年最大限度实现他们潜能的成人，需要保护他们脆弱的天赋才华，需要为青少年的茁壮成长提供环境和空间。

感谢你已经开始行动了。我知道做这件事需要强烈的乐观主义精神。我希望这本书能让你受到鼓舞，能为你提供一些实用的策略。

每个孩子都需要一个罗德尼。所以：请做他的罗德尼吧。

> 每个孩子距离成功，只差一个有爱心的成人。

第一部分

三种关键的思维模式

part one

当孩子很小的时候，你经常累得体力不支。
可是，现在他们长大了，你又常常在精神上殚精竭虑。
更多的忧虑，更多的争吵，更多的心理较量。

那么，如何才能让自己在保持冷静的同时对他们
实施有效的管教呢？在工作中，我碰到过、采访过、研究过
成千上万名父母和看护人，其中那些在教育孩子方面非常有效的
成人对下面三种思维模式有着深刻的理解：

◆ 青少年比看起来更需要你。
◆ 游戏规则变了，因此你也得变。
◆ 要学会寻求帮助。

第一种思维模式：
青少年比看起来更需要你

在我十岁的时候，几乎所有同龄的男孩都急切地盼望着快快长高，焦急地等待着那一刻，去乘坐德克萨斯巨人——世界上最快、最长的木制过山车之一。

我用自己那高度发达的十岁的大脑敏锐地分析着：从这些车厢传来的尖叫声意味着这绝不是一个普通的游乐设施。不！我知道周围的这些大人太疯狂了，他们根本不明白：这个过山车实际上是个木制的死亡机器，设计出来的目的就是把我和周围的人甩出去，活生生地摔死。

我站在队列里，紧挨着斯帕雷夫人，她是我们家的老朋友。出于好心，她带我和她的孩子们去六面旗公园玩。这个女人让我大吃一惊，作为当地一所小学的教师，一个公职人员，她居然对我年轻的生命这样满不在乎。

我想过大声呼救，可是很显然没用，和我站在一起的是一排像旅鼠一样愚蠢的人类，他们慢慢地迈向那个木制的死亡机器。于是，我随着斯帕雷夫人上了德克萨斯巨人。

而后，我发现了更恐怖的事情。

德克萨斯巨人上根本没有安全带！

只有一个大腿压杆——一根简单的金属条，可以把大腿固定住。

我惊愕地环视着周围。

居然没有安全带？没有五点式安全带？难道这些人都不想活了吗？

我使劲地拉了拉那个压杆，又猛地拽了拽它。我试图站起来，想把它崩开。我不停地推它，试验它，用双手拉它。

我推它，按它，不断试验那个大腿压杆，难道我希望它失灵吗？难道我希望弹簧松开，然后我从德克萨斯巨人里射出去，希望自己年纪轻轻就被活生生地摔死吗？

当然不是。

我那么做是因为我需要确认那个压杆是否能撑得住。

青少年也是同样的心理。

他们会不断试验你，看看你是否像过山车的大腿压杆一样撑得住。

他们试验你，按你，推你，是因为他们需要知道，在其他东西都不确定的时候，你是可靠的。

你很稳固。

你很安全。

你能撑得住。

青少年最缺乏和最需要的东西

由全球战略小组进行的一项对基督教青年会青少年和父母的调查发现，青少年最担忧的（超过其他所有的害怕和担忧）是……

……等一下……

没有足够的时间和父母在一起。

什么？！

你很可能在想："这根本不可能是真的。我觉得他们的头号忧虑是如何不惜一切代价避开我。"

出人意料的是，与其他事情相比，青少年更关心如何能与家人共享珍贵的家庭时光。对孩子来说，这比成绩重要，比朋友重要，比丽贝卡能否原谅肖恩亲吻了德蕾西重要。调查还显示所有年龄段的青少年都因为缺乏与父母在一起的珍贵时光而担忧。

与青少年的担忧相反，父母们更关注外来威胁（比方说毒品和酒精）。对于父母来说，与家人共度珍贵时光在关注优先顺序上只排第四位。

也许青少年最需要的东西，父母却忽略了呢？

1990年，一个叫作"研究学院"①的组织成立，着手研究儿童和青少年。具体地说，他们对尝试回答下面这个问题很感兴趣——"为什么有的年轻人走向成功，对社会做出贡献，有的却没有"。

为什么有的年轻人在艰难困苦中战胜了挑战，获得了出人意料的成功，而有的人却被困住了，深陷其中不能自拔？究竟是怎么回事儿呢？

从不同背景、不同状况的五百多万儿童和青少年身上收集来的数据，出奇一致地揭示了一些令人惊奇的现象。"研究学院"发现孩子们身上有一种可称之为资产的东西在发挥作用。资产的一半是内在的，即积极的性格特征和价值观；另一半是外在的，即有利的外部环境和经历。研究结果清楚地表明，一个孩子拥有的资产越多，就越有可能取得成功。这些资产②包括：

外在资产：有利的外部环境和经历

- 家人的支持：家人给予了高度的支持和爱。
- 为他人服务：年轻人每周至少做一个小时的社区服务。
- 界限：家庭和学校都有明确的规矩和惩罚措施。
- 有效地利用时间：年轻人每周花一定时间从事创造性艺术，进行体育运动，参加青少年活动，或者陪伴家人。

---

① 该机构的创立是在手机、谷歌，甚至超级男孩出现之前。我知道，这非常古老。
② 这项研究很吸引人。这里不做详细描述，不过，如果你想弄清楚，可以在研究学院的网址（search-institute.org）上检索（"40 Developmental Assets for Adolescents"）。

内在资产：积极的性格特征和价值观

- 努力学习：有在学校好好学习的动机，并且积极地投入到学习中。
- 诚实正直：有信仰理念，并能够时刻保持诚实正直。
- 计划和决策：知道如何提前制定计划和如何做出选择。
- 积极态度：对个人前途积极乐观。

简单地说，"研究学院"的调查结果就是：青少年获得的内在和外在的资产越多，他们成功的机会就越大。

有利的环境 + 积极的性格特征 = 成功[①]

你出现的时候

回想一下你自己的青少年时期。想一想，在你的生命中，谁是对你来说最重要的成人，以及对你影响最大的成人？是哪个教练、哪位教师，还是哪个亲人？

所有这些人有什么共同点呢？我认为他们都刻意地为了你的利益做出了牺牲。

他们费尽心思地鼓励你；他们始终如一地支持你；他们是你尊重的成人；他们很清楚地表明，他们的存在就是为了你；他们敦促你做一些你以为自己做不到的事情。这就是"研究学院"从五百万份调查问卷数据中分析出的背后隐含的信息。

[①] 实际上，"研究学院"在一项跟踪调查中发现，与父母都是中等以上收入但只有10个或以下资产的白人孩子相比，少数民族、单亲家庭、有资格享受免费或折扣午餐的孩子，以及拥有31~40个资产的孩子，更有可能成功。

积极的性格特征之所以存在，是由于看护人的培养。

有利的外部环境之所以存在，是由于看护人的创造。

这些东西不会从天而降，不会像独角兽那样魔幻般地出现，而是像你和我这样的人有目的地培养的结果。你是处在重视鼓励的学校文化氛围里吗？那是成人们努力工作营造出来的。你有丰富的课外活动来塑造你的未来吗？那是成人们努力钻研设计出来的。你学会如何妥善地处理矛盾了吗？那是成人们教给你、示范给你的。

研究完这项数据之后，"研究学院"的负责人彼得·班森总结说："要是没有人为孩子的健康成长做贡献，没有人为他们承担起个人的责任，那么，他们的经历不可能从根本上发生改变。"

彼得说的那些"人"，就是我们，就是你和我。

父母从来不知道自己有多重要

在开发以及培养青少年的成长资产方面，父母的潜在影响最大。因此当基督教青年会的研究人员说，孩子本能地想和他们的父母多待一会儿的时候，不过是在重申这个真理。孩子知道他们需要从父母那里得到些什么。他们或许无法描述出那到底是什么，但是内心却知道自己需要什么。

那个过山车太吓人了，而那个大腿压杆能确保他们的安全，这一点他们懂得。

父母的担忧也无可厚非。有些自暴自弃的选择会阻碍青少年的发展，甚至摧毁青少年的前途。只是父母没有意识到，防止孩子自暴自弃最好的解决措施，恰恰在于父母本身。

那么，作为父母，我们该怎么做呢？通常来说，随着孩子进入青春期，父母和他们在一起的时间越来越少了。据统计，孩子12岁之前，爸爸和孩子单独在一起的时间每天平均约26分钟，可是等孩子到了青春期，他们单独待在一起的时间降到了每天不足 9 分钟。当孩子还小的时候，妈妈和孩子单独在一起的时间每天平均约 31 分钟，但是一旦孩子成了青少年，这个数字降到大约每天 11 分钟。

我懂了：当青少年（或其他人，就这件事而言）让你抓狂时，你最不想做的事情就是和他们待在一起。如果他们推你，按你，反复试验你，实际上标志着他们需要你，可是，他们却不懂得用言语表达自己的需要呢？也许这是由于他们害怕而故意掩饰呢？

如果把青春期比作过山车，而你就是大腿压杆呢？如果按照我们本能的反应而退却不是正确的选择呢？

总结一下：

儿童每天和妈妈爸爸待在一起的时间加起来大约有 57 分钟	VS	青少年每天和妈妈爸爸待在一起的时间加起来大约只有 20 分钟

恰恰在他们想要和我们多待一会儿的时候，作为成人的我们，反而在他们身上缩减了几乎三分之二的时间。

只有当青少年对你完全敞开心扉的时候，他们才会告诉你，他们内心最想要的是有更多的时间和爸爸妈妈在一起。出于本能，你可能也知道，这是他们的心里话。

孩子需要你的陪伴。

这对你意味着什么？

"种瓜得瓜，种豆得豆"的说法你一定听过，可能你七年级的篮球教练说过，或许你的高中英语老师也说过。当你试图对青少年的生活施加影响时，也是一个道理。你对他的关注程度、在他身上花费的时间不同，结果也会大不相同。

高质量的共处时光源自充裕的陪伴时间。如果你希望与孩子的关系从根本上得到改善，那么你必须增加在他们身上投入的时间。

很遗憾，这种事情没有捷径可走。

任何告诉你有捷径可走的人，很可能在试图卖给你点儿什么。因为你根本不能策划，让非常特别、令人惊奇的瞬间恰好发生在下午七点二十三分。这些瞬间只会碰巧发生。

出现的力量

从事青少年工作将近 20 年之后，我知道，青少年是个谜。他们有时冷漠寡言；有时情绪多变；有时傲慢自大。

杰罗姆·大卫·塞林格的著名小说《麦田里的守望者》的主人公霍尔顿·考尔菲德，为我们淋漓尽致地展现了作为一个青少年意味着什么。这是一个很触动人心的故事，霍尔顿想要做的很多，可是却什么也没做成。他一遍又一遍地说恨一切虚伪，可他自己却常常对别人撒谎。他极其迫切地想让每个人喜欢自己，但表现出来的却是冷漠且固执己见。他想改变世界，可是他却什么也做不了。可以说，霍尔顿·考尔菲德精准地刻画了一个现代版青少年的形象。实际上，他的性格特征是文学术语"不可靠的叙述者"的典范。

不可靠，这是问题的关键。当你还是个青少年时，似乎一切都是不可靠的。在你青春期的生活里，一切都在变。每个人对青春期的问题都感到如此恐慌。每个人都知道将有重要的事情在他们身上发生，一些将改变他们，使他们就此定型的事情。但是，他们没有足够的生活阅历去看穿那令人害怕的迷雾。于是，每个人心中只剩下令人恐惧的不安和害怕①。

这就是你该出现的时候。没错，我指的就是：你该出现了。

有一个成人对青少年说："嗨，我在意你，我愿意为你挤出时间。"想想这对青少年来说意味着什么呢？出现是一种表达方式，它是在告诉青少年：我又出现在你面前了，这就是我关心你、在意你的证据。

对青少年来说，最重要的事情之一就是，能够证明有人喜欢自己。在一个充斥着爱是有条件的，爱是建立在表现、外表、人气这一切的基础之上的社交世界里，青少年真切地渴望有人对他们感兴趣、有人会照料他们、有人为了他们而存在、有人愿意把时间和注意力集中在他们身上。

基督教青年会的研究和"研究学院"的调查有一个共同发现：尽管孩子对你叹气、翻白眼的频率达到了史上最高水平，可是他们想要你的陪伴，他们需要你的陪伴。

当我提到大部分父母在孩子的青春期开始脱身时——不论他们在孩子身上投入的时间，还是他们对孩子的关注程度——你很可能会在内心做一个自我审视。如果你属于我接触过的大部分父母之一，你很可能会意识到自己就是这么做的。

是改变这种趋势的时候了！是该关注他们的时候了！

一些父母在面对这个现实的时候会争辩说："你是谁，凭什么敢说我做得不够？"

一些父母在面对这个现实的时候，试图为他们的缺席做合理的辩解："你不理解我的压力有多大。"

还有一些父母在面对这个现实的时候，陷入了深深的内疚："是我太糟糕了，没有我，他们的生活会好一些。"

我知道这些是最惯常的反应，这三种回答我都用过。可是，这么回

---

① 天主教神学家是对的，在天堂和地狱之间有一个人们赎罪的地方，那个地方就叫初中。

答并不能解决任何问题，不是吗？

如果你家里的水管爆裂了，你就不能假装家里的室内游泳池有多好玩。你也不能说："我是个很糟糕的主人，我早就应该知道水管快要破裂了。"

当水管破裂时，你要修好它。

因为你是成年人。

打破青少年的魔咒需要时间

如果你和大多数成人的想法一样，那你肯定低估了青少年想和你待在一起的程度。可是认识到他们的需求和实际上能做到与他们共度美好时光是两回事。从你的日程表里腾出些时间，创造点空间，可以尝试采取下面的步骤和青少年有目的地交流。

1. 安排你们的专属时间

如果你看重和孩子的关系，那么你需要把与他相关的事当作头等大事。你需要留出专门的时间和他们在一起。你可以每个月选择一个专门的、固定的时间（比方说：每个月第一个星期五的晚上），留出那个时间来与孩子单独交流。

专家建议：先提前在你的日历上标注出你们约定的日子。

前阵子，我突然意识到，如果我非要等到有整整一周的自由时间才去度假，那么我可能永远也度不了假。生活总是会以某种方式侵占你的日程安排。所以，现在我会优先规划我的假期，我会提前用钢笔把它们标记在日历上。"钢笔"——我指的是"红色"字体，"日历"——我指的是"谷歌日历"。那个星期对于其他安排来说是禁区。对和孩子约定交流的日子，你完全可以采取同样的做法。检查你的日程安排，然后把它确立在你的日历上。

2. 绝不取消约定

不要让任何事打扰这一晚。取消约定比压根不约更糟糕。如果你对其他人说"不"很难，直接告诉他们："很抱歉，我那个时间有约会了。"或者说："真抱歉，我那会儿有一个重要的会议。"没错，你确实有一个重要的会议，这不是撒谎。千万不要取消约定。

专家建议：严肃认真对待，绝不取消约定。

你一定要确保自己读过第二条了。除非有人死了，或者你骨折住进医院了，否则，连取消和他们约会的念头都不要有。我告诉你，那样做，你会失去他们的信任。

3. 让约会变得有趣

不要花费整个晚上的时间去探讨如何让你们的关系变得更好。这几乎从不奏效。把时间用来做一些你们都很喜欢的事。实际上这样做才会让你们的关系变得更融洽。拉一个清单，列出你最想做的事情，让孩子也列一个同样的清单。看百老汇音乐剧，看当地的体育比赛，周边名胜古迹一日游，去他们喜欢的超酷、超有意思的餐厅——什么都行。对照双方的清单，然后一起规划做这些事情的时间。

专家建议：注意细节。

你是成人。所以，你得积极主动地去买票，去做其他准备事宜。

4. 要预料到这个约会可能不会那么顺利

这需要你相当成熟，因为青少年很有可能会激怒你。生活中没有什么美好或重要的事情是毫不费力或没有阻力就能完成的。生活中不必花费气力就能自然生长的恐怕只有滋生的真菌、蔓延的野草和不断增长的体重了。因此，对于碰壁，你要有心理准备。青少年可能会对你无礼、冷淡你、疏远你，或者沉默寡言。恭喜你！你拥有的是一个货真价实的青少年。你必须迎难而上。要相信，你们在一起的时间是一个播种的过程。不断实践，你会做得越来越好，就像你做其他事情一样。不要灰心丧气。如果你感觉你们之间什么事都没发生，那太好了，这就是最好的效果！

专家建议：有针对性地去训练，而不只是尝试。

如果我让你现在去跑马拉松，你很可能做不到（除非你是一个优秀的有耐力的运动员）。如果我告诉你去跑马拉松非常非常重要呢？这能帮助你跑完全程吗？如果我鼓励你"竭尽所能"而且"真真正正地去努力"呢，会帮助你跑完 26.2 英里吗？不会。因为你不是尝试去跑马拉松，你得去训练。每个月都是一个变好的机会，都是一个构建、改善你和青少年之间关系的机会。这些是训练步骤。所以，采取行动吧。现在就开始训练。

你有两个选择

我曾见到过一些父母，他们和孩子的关系已经糟糕到令人难以置信的地步，他们的情形似乎让人绝望。我还看到，那些有意识地优先考虑孩子的父母，无论在时间上还是精力上都会特别关注他们的青少年。通常，在这样的付出下我们总会收到切实的回报。

我不敢保证事情会十全十美。但是我敢保证，情况会有所好转。

最困扰父母的事情之一，就是那种使人不安的感觉：我原本能做更多。后悔是一种很强大的力量。把你的时间和注意力集中在孩子身上，你将能安心地坐下来，并且做出一个问心无愧的评价："我尽我所能了。"

我不确定结局会是什么样子。我没有特异功能，也没有一辆 1985 版的德劳瑞恩飞机跑车。但我知道，你有两个选择：

选择一：尽你最大的努力去帮助他；

选择二：逐渐摆脱他，然后认输。

我并不认为选择二可以成为一个选项，就像我觉得你根本不会选它一样。

你那十几岁的孩子值得你多花些时间。我知道这很难，因为你不会在孩子身上迅速看到实效，亦或是一点点改变以此证明你正在做的事情是有用的。有时候，你甚至觉得好像没有人会注意。那不是真的，虽然你觉得很像真的。

没有人会因为你正在做的事情，而为你颁发奖章。做一根过山车上的大腿压杆，是一种吃力不讨好的事，不是吗？但是，从实实在在的人身安全角度来说，在那个巨大的、复杂的过山车的所有部件中，最重要的就是那个大腿压杆了。

让我们都来好好做根压杆吧。

> 青春期的孩子会像我对待过山车上的大腿压杆一样，不断考验你，看看你是否可靠。

第二种思维模式：
游戏规则已经变了，因此，你也得变

当我还是个孩子的时候，我最喜欢看的一档电视节目是《吉利根的小岛》(*Gilligan's Island*)。节目组跟随一个有着七名成员的旅行团，从一个热带的港口起航，途中遭遇了飓风，所有人被困在了一个荒无人烟的小岛上。这个节目的有趣之处在于七名漂流者性格迥异而又各具特色。

- 一位才华横溢的教授，可以用椰子壳和备用电线做一个能听广播的收音机，可是却修不好船上的一个小洞。
- 一位船长，一不高兴就拿他的帽子打人，可是，他张嘴闭嘴都是"兄弟"。
- 姜格·兰特和玛丽·安·萨默斯，两个人总是在无休止地争论着，全世界哪个男人更完美地呈现了理想化的美。①
- 心地善良但有点儿缺心眼的大副吉利根，不知道为什么，那个岛屿是用他的名字来命名的。

不过，里面我最感兴趣的两个人要数瑟斯顿·豪威尔三世和他的妻子尤妮斯。他们原是亿万富翁，来到岛上之后突然发觉自己什么都不是了。他们两位承包了这档节目的笑点，虽然被困在孤岛上，他们仍旧试

---

① 我不想深入地谈论这一点，因为这样的讨论会引起没有必要的分歧。不过我要说：我的妻子曾经是加利福尼亚大学洛杉矶分校戏剧专业的学生，所以很明显，我是姜格一边的。

图保持他们豪华、奢侈的生活方式的假象。于是观众笑了，因为豪威尔夫妇没有意识到整个游戏已经变了。这是豪威尔夫妇的滑稽之处。即使周围的一切都变了，他们自己却不想改变，他们拒绝接受现实。

那么，问题来了。我觉得，我们当中很多人与瑟斯顿·豪威尔三世和尤妮斯一样有过相同的感受。许多父母在某个时刻突然感觉对他们来说游戏变了，可是他们更喜欢原来的游戏。某一天，你醒来之后，感觉几乎一夜之间，你可爱、天真、单纯的孩子变成了一个让人捉摸不透、完全陌生，甚至有时让人匪夷所思的青少年。

星期二晚上，你正常上床睡觉；可是，星期三早上起床之后你发现游戏完全变了。就像前一刻你还乘着一条精美的小船在漂流，而下一刻却被困在了一个荒无人烟的岛上。

我们有这样的感觉也不足为奇。因为从很多方面来说，这一点是千真万确的。

你必须做出转变

当孩子长到十几岁时，他们在身体、认知、情感，以及社交范围等各个方面都会发生巨大的转变。于是，他们需要从父母那里获取的东西也不一样了。

人生有许多重要的节点往往要求我们快速地，几乎是立即地做出改变，以至于我们觉得还没有准备就绪就得去应对。大概所有父母都还记得，他们把第一个孩子从医院抱回家的那一刻。从过去的二人世界，到平添了一个全新的生命，毫不夸张地说，似乎一夜之间一切都不同了。

当孩子长成翩翩少年时，情形也是如此。游戏规则已经变了，如果你不跟着变的话，就不能有效地应对。

"那么，我该怎么做呢？"我很高兴你能这么问。

第二种思维模式：游戏规则已经变了，因此，你也得变

你原来的角色：空中交通管制员

当孩子还小的时候，由于其身体各方面都还很脆弱，生活上几乎完全依赖他人，大人们必须积极地、未雨绸缪地为其提供保护和哺育环境。这是空中交通管制员阶段。在这一阶段，你要全权安排他们吃什么、去哪里、和谁玩、什么时候上床睡觉、什么东西可以放进鼻子里。因为，就像空中交通管制员一样，如果你不做好自己工作的话，就会有人受伤。孩子生活的方方面面，你都需要时刻保持警惕并深思熟虑。不止于此，要知道，如果你不这样做，就是不负责任。

> **曾经他们需要的：**
> 保护和哺育环境
>
> **曾经的他们：**
> 几乎完全依赖他人
>
> **你曾经做过的：**
> 掌控他们生活中几乎每一个细节
>
> **你的期望：**
> 他们健康茁壮成长

你的新角色：教练

空中交通管制员的角色很不可思议，但是，最终它将不再奏效。那些在一段时期内非常重要的策略，会突然之间变得不再重要了。它们到期了，就像牛奶，对大一点的孩子来说不再起主要作用了，他们会吃其他主食。当然，你要是患有乳糖不耐症的话，牛奶会一直让你感觉发胀，会对你一直起作用。（我觉得这个比喻不太恰当。）

设想一个年轻人，将要开车去上大学。当他走到车旁，他的父亲或

母亲把这个发育成熟的年轻人抱起来、放进车里、伸手帮这个年轻人系上安全带。这让人觉得简直不可思议，对吧？

为什么呢？因为他们已经处在一个不同的阶段了。孩子一旦进入青春期，他们需要从父母那里得到的东西完全变了。这似乎让人觉得不能接受，因为完全相同的方法，过去非常有效，现在却丝毫不起作用，太令人沮丧了。

如果你还是像空中交通管制员时期那样，继续尝试控制你家那个青少年，必会适得其反。这实在是太糟糕了，因为你花费了过去十年的时间，学习这个角色，完善这个角色，现在你已经很擅长这个角色了，它却不能满足孩子的需要了。

就培养青少年而言，要么你牢牢地管着他们，要么让他们自己成长，但是，两者不能兼得。

想一想：过不了几年，你就得把他们送出家门。他们会面临各种困难棘手的事情。他们需要自信，需要知道自己有能力处理这些事情。采取教练的心态，让他们自己应对这些挑战，让他们在现实生活中实践，而你，仍然和他们在一起，只需给他们提供指导和鼓励就够了。

游戏规则已经变了，所以，你也必须变。

> 现在他们需要的：
> 技能和实践来克服生活中的困难
>
> 现在的他们：
> 一半是自由的寻求者，一半是胆怯的孩子
>
> 你现在需要做的：
> 让他们为将来独立奋斗走向成功做好准备
>
> 你的期望：
> 他们能够自我管理和自由成长

教练是什么？

在我们谈论下一个话题之前，我想应该先更正一下"教练"这个词在你心目中的印象。他不是一个满脸通红、乱扔椅子，并且朝着裁判员大吼大叫的人；而是一个有爱心的成人，他训练运动员，让他们做好准备，督促并鼓励运动员去突破自我，超越梦想。

当我还是个孩子的时候，就开始打棒球了。许多让我受益终身的人生经验，都是教练教给我的。

让我们审视一下优秀教练有哪些特点。

特点1：教练有绝对的权威。

你可能会有这样的顾虑，从空中交通管制员变成教练是否意味着家长失去了权威？我们应该清楚：你没有放弃一丁点儿作为父母的权威，发生变化的是你行使权力的方式。

想一想，当孩子四岁的时候，你有多少种权力手段可以自由支配：你控制着他的日程安排、他的朋友范围、他的行踪去向——甚至他的就寝时间。

现在，他十四岁了，那些权力手段大多不管用了，于是，你不得不利用新的手段。当然，你仍然控制着钱、交通工具、科技产品的使用权。但是最有效的手段必须建立在类似信任、影响、书面约定的规矩，以及价值观等沟通交流的基础之上。

最好的父母和看护人，对于这样的权力会感觉到一种"责任的负担"。他们懂得这是一个神圣的位置，而且他们对此丝毫不敢马虎。

特点2：教练确实非常关键，甚至会决定结局。

顶级体育组织不惜重金聘请高水平教练是有原因的。举个例子，1985年以来，在美国全国大学生体育协会男子篮球联赛比赛中，有四支球队比其他实力相当、排名不相上下的球队平均多赢了十多场比赛。那么，是什么造成了这种差别呢？教练！这四支球队分别由联盟历史上最成功的四位教练执教，正是因为这些教练，他们才比水平相当的球队赢得了更多的锦标赛。

教练会做一些实实在在的事情，像确保队员们的技能不断发展提高，保证训练有序进行，以及在整个赛季的起起伏伏里鼓舞士气。这些事情很重要。但是优秀的教练，特别是伟大的教练，还会给队伍带来一些无形的东西——比方说，改变团队的氛围、促进队员和谐相处、增进彼此坦诚交流、激发队员斗志。作为复杂的社会人，我们每个人的行为动机（气馁的原因）各不相同。伟大教练会花时间弄清楚这些事情，并且帮助每个人超越自我，实现梦想。

伟大教练的三个特质

通常，一个伟大的教练需要具备什么样的特质呢？哪些关键特质能帮助父母从有效的空中交通管制员转变为有能力的教练呢？下面这三点你不仅要学会，还要能够灵活运用。

特质1：关注个性发展，而不是只盯着结果

区分伟大教练和好教练的关键之一就是看他们强调什么最重要。好教练强调获胜，强调结果至高无上，而伟大的教练却很少谈论结果，因为他们懂得我们控制不了结果。超出我们控制能力的事情常常发生：伤病、运气不佳，或者碰到更强大的对手。不过，虽然我们控制不了结果，但我们能够控制我们的准备、我们的性格，以及我们如何应对胜利和失败。伟大的教练知道，生活远不止我们可能取得或者无法取得的成就，生活关键在于我们的内心。

伟大教练的故事

麦特和其他二十多个同事刚到一所高中时，学校资源短缺、学生成绩不佳、教师的收入也很低。作为一名新晋教师，麦特意识到自己的任务特别繁重。他不仅需要弄明白如何教英语，而且还得学会如何教好英语。学校学生整体成绩很差，大部分学生的英语水平比所处年级应有的水平至少低一到两个级别。

麦特知道，如果想让他的学生达到应有的水平，他需要在短短一年之内，帮助他的学生提高1.5个年级水平。此外，这所混合制学校正在遭受着一个由种族矛盾导致的谋杀事件的打击，学生遭受了巨大的精神创伤，教师大量地频繁地流动，管理层几乎彻底变革，情况简直一团糟。

在他任教的第二年，新上任的校长安排麦特开设大学预修英语课程。麦特随后做了一些很特别的事。在这个表现较差、资源短缺的学校，麦特开始动员自己班级里有潜力的高二的学生，鼓励他们在高三时，选修大学预修课程。他向同事们打听他们教的高二学生中，谁有上大学的潜力，并且也去动员那些学生。但是，几乎所有人，包括他的同事，都在旁边打退堂鼓："难道你不知道大学预修英语课程的测试有多难吗？那和大学二年级英语难度差不多。"学生没信心："我肯定过不了那个考试。"这些学生的父母更是不支持："我的孩子在一个更适合他的水平的班级，难道不是更好吗？"麦特只能更努力地去劝说，凭着他的个人魅力，最终说服了58名学生报名参加高三的大学预修课程。这些人足够开两个班了。

接下来的一年，麦特①给这58个学生上大学预修英语课程。五月份的时候，所有人进行了一次考试。这个考试总分为5分，3分及以上算通

---

① 我不得不说麦特碰到了一个难得的校长，他为麦特选配了一位辅导老师，还联系并返聘了一位非常有才能的退休英语教师来帮助麦特。这两位年长的教育者理解麦特正在做的事情，每周都和他碰面，帮助他提高教学质量，让他成为一个更好的教师。

过，4分或5分基本可以保证能申请上大学了。这次考试麦特的58个学生中，只有10个人通过。

只有17%的通过率！

麦特成了众矢之的，甚至当地教育局也不喜欢这个看起来糟糕的数字。"要不明年我们只开一个小班？"他们说，"这种失败率太令人难堪了。"

和往常一样，麦特回绝了。

"失败？失败！你知道为什么我的学生今年没有通过大学预修英语课程考试吗？"他反问道，"他们没有通过，是因为，我的58个学生中有35个在他们成长的家庭中不说英语。他们的母语不是英语。而这次考试第二部分的自由作答题是一首威廉姆·布莱克于1794年写的诗歌。1794年！那个时期使用的英语，对这些母语非英语的学生来说太古老了，他们看不懂，因为现在的英语语言与那时相比变化很大。"

"但是，第一部分和第三部分主要考查现代诗人的现代派诗歌。这两部分，他们都通过了。这是数据。他们通过了。这意味着什么？去年我们还没有一个学生参加大学预修英语课程，可是今年我们有58个学生参加了，而且所有人在考试的某一模块中都得到了通过的分数，写出了大学生水平的分析诗歌或者散文的评论文章。"

"我的58个学生每天放学后都留下来，集体分析弗罗斯特、狄金森、兰斯顿·休斯的诗歌到很晚；我的58个学生，今年每个人都读了5本经典小说，并且5本都读懂了；我的58个学生，他们自愿在高三放弃轻松的路，而是要求自己达到大学学术水平；我的58个学生，他们都一心向学。这不是失败，这是个鼓舞人心的成功。明年，我需要开设三个班的大学预修英语课程，因为我需要。"

毫无悬念，麦特如愿以偿。他用更大的努力在学校和周边地区游说，最终又多开了一个大学预修英语课程班，并吸收了更多的学生报名参加大学预修英语课程。在之后的几年，学生的通过率一点点提高，只是幅度不大。但那对麦特来说并不重要。

每年的毕业典礼上，麦特都会作为高三年级推选的四位老师之一，享有陪伴毕业生走上讲台的荣誉。17%的通过率从来都不是麦特追求的结果，因为他从来没有把注意力放在结果上。他想帮助他的学生们明白，为了他们自己的教育而努力学习、团结合作、全身心地投入，在巨大困难面前勇于承担责任、想方设法解决问题、能够做到百折不挠，比得到用数字表示的级别更加重要。

这是那些学生永远也不会忘记的道理。

特质2：故意讨论"毁灭性"失败

毁灭性失败是那些会严重扰乱一个人的生活的失败。这种失败会极大地损害一个人的潜能。在人生的种种境遇中，如果一个人遭遇了毁灭性的失败，他成功的机会就变得很渺茫（或者严重到了从数据上说几乎不可能的程度）。可是，伟大的教练会谈论这些毁灭性的失败，因为对他们的队员来说，这些失败是真实的，后果是极其严重的。

青少年的父母经常会情绪崩溃是可以理解的。因为很多青少年就是有这样的本事，他们能让自己做出的选择带来难以挽回的惨败结局。

几年前，美国国家政策分析中心做了一项涉及3100万美国人的研究，根据最新的美国普查数据，这些人的家庭收入都处于贫困线以下。一位政策研究顾问仔细筛查了这些数据发现，来自贫困家庭的这些人如果能做到以下三件事，他们就有超过80%的可能摆脱毁灭性的长期贫困：

1. 高中毕业。
2. 等到至少21岁再结婚。
3. 等结婚后再生孩子。

可是，如果一个人连一件也做不到，那么，情况反转，这个人有将近80%的可能会长期生活在贫困中。

我不是说经济拮据是一个无法逾越的挑战。我只想说在经济拮据的环境中取得成功是非常难的,我们从研究中获悉,它极大地限制了一个人的发展。如果有可能帮助青少年取得成功,我们希望传授给他们最好的方法——这也意味着,我们需要讨论怎么才能让他们远离毁灭性失败的路。

想想你关心的那个青少年。什么样的失败是你不惜一切代价想让他们避免的?可能是:怀孕、滥用毒品、醉酒开车、辍学、交不三不四的朋友。你应该马上开始和他谈谈这些事,开诚布公地谈。

伟大教练的故事

维维安是一个高中生物老师。每年毕业舞会之前的星期五,她都会提前 20 分钟结束她所有的课程。然后用这 20 分钟进行一个非常特殊的课程计划。维维安会在白板上放映她在高中舞会时的照片。孩子们看到一头秀发的维维安和她年轻的容貌,都开心得不得了。他们开玩笑说,真希望生活在那个古老的年代。而后,维维安会展示一张橡树的图片,这株古老、高大、粗壮、长满了节瘤的橡树位于一条看起来曲曲折折的乡间小路旁。接下来,维维安会给她的学生讲述——他们都是高二和高三的学生——为什么这棵树对她那么重要。

要知道,照片上的维维安还是个高二的学生,有一个叫诺亚的年轻人邀请她去参加毕业舞会。诺亚设法获得了家人的允许,开着爸爸的车带维维安和其他朋友去参加舞会。那可不是一辆普通的车,它是一辆 1956 年产的雪佛莱贝尔敞篷车,太妃糖苹果红的颜色,机盖下配置着 1978 年产的雪佛莱科尔维特 430 马力的八缸汽车发动机。那辆车真的很酷。

诺亚把维维安和其他两位朋友接上车,他们一起在舞会上度过了一个美好的晚上。但当诺亚开车把维维安和她的朋友送回家之后,自己开车去了一条偏僻的小道。他把油门踩到底,想看看这辆车到底能跑多快。他加速飞驰开往前面的一个小山坡，希望能在那里透透气。他以每小时超过110公里的速度，冲上了那个小山坡。可是，随后汽车失控了，直接撞上了那棵老橡树。由每小时行驶110多公里瞬间停下来产生的巨大冲击力，让诺亚的安全带像铁丝一样切穿了他，救护人员当场宣布了他的死亡。

每次讲述诺亚的故事，维维安都会沉浸于一个璀璨生命过快结束的悲伤中，泪流不止。不过，她的学生清清楚楚地明白了她的意思：安全驾驶、不要醉酒驾驶、不要搭乘醉酒人的车、不要逞男子汉气概、不要飙车、不要炫耀卖弄，因为这可能会导致毁灭性的失败。维维安每年有数不清的课程，但是这个课程每个学生都记得。这主要是因为，她不回避自己脆弱的一面，诚恳地和学生讨论这个毁灭性的失败，而且，学生也知道，维维安这样做是因为关心他们。

特质3：用价值观而非情绪来管教孩子

当你想象那些伟大教练的时候，你的脑海里很可能会出现一些脾气暴躁的人。也许你脑海中会浮现一些画面：他们朝裁判员或者仲裁人员大喊大叫，或者冲着他们的队员们狂吼，又或者用他们的膝盖折断写字板，或者，如果你是从印第安纳州来的话，可能会想象出椅子从赛场的另一头扔过来的场景。①

尽管爆发负面情绪是人之常情，但是，这些极端情绪可能会分散队员的注意力，甚至对队员造成伤害。

当青少年做错事的时候、表现得叛逆的时候，或者公然顶撞我们的时候，我们内心常常会有一股无名之火想要爆发出来。但是就我个人而言，我发现，发脾气根本于事无补。

---

① 印第安纳大学教练鲍比·奈特以脾气暴躁著称，有场比赛奈特对裁判的判罚不满，当场抄起铁椅子朝裁判扔过去。虽然没打着，但是把全场人都吓到了，鲍比教练也因此闻名全美。

有些父母会咄咄逼人、情绪冲动、歇斯底里。他们这样做往往是为了重新控制局势，结果通常情况下却因负面情绪的爆发而被孩子轻视。

有些父母刚好相反，他们没有勃然大怒，而是"独自生闷气"。他们太生气了，气得把自己的情绪封闭了起来。有人将这种行为称为"不理不睬""回避策略"或者"冷处理"。不管叫什么吧，结果都一样：这是一种相对后撤。从某些方面来说，这样做可能更危险。因为这些情绪都隐藏起来了，朋友以及家人观察不出也发现不了你哪里不对劲儿，不知道你需要帮助。

不管你有哪种倾向，结果都一样：你让情绪支配了。可是，当你和青少年打交道的时候，你必须记住谁是成人，谁需要在行为上表现得更成熟一些。不要感情用事，要基于价值原则行事。

管教孩子的关键是要确立协商一致的目标并且概述出清晰无误的特权和后果。负面情绪的爆发（不管是向外爆发还是向内爆发）几乎从来不会作为有效的措施而起作用。如果，你事先下功夫制定了大家都同意的清晰的奖惩条款，明确了价值观[①]并且有勇气坚持遵守这些条款，那么遇事时你就能把持情绪，而把持你的情绪能帮你把持局势。

伟大教练的故事

1972年美国全国大学生体育协会男子篮球赛季结束时，加利福尼亚大学洛杉矶分校的全明星中锋比尔·沃顿——历史上最好的大学生篮球运动员之一——决定好好释放自己。暑假里，他先是和"感恩而死"乐队巡回演出，然后，背着背包前往内华达山脉的约翰·缪尔步道徒步旅行。之后，沃顿做了一个厚厚的红色爆炸式发型和一个会让伐木工人

---

① 在本书的第三部分我会详细介绍如何做。

或者吉姆利①都羡慕的大胡子回来参加训练。这一切听起来很不错。可是，他的教练约翰·伍登对运动员有一个严格的要求：不许留胡子，而且头发长度不允许超过5厘米。

伍登皱了皱眉："这是什么？这不行。"他边说边拽沃顿的胡子。沃顿不敢相信教练会这么做。他进了伍登教练的办公室，放下自己的行李。沃顿刚刚带领加利福尼亚大学洛杉矶分校球队打了一个所向披靡的赛季，赢得了一个全国的冠军，而且他本人还获得了年度最佳球员。伍登教练似乎有点儿不近人情。他没有权力限制球员展现自己的个性。

"看来这种用头发来表达个性的方式对你非常重要。"伍登说道。

"是的。"沃顿回答道。

"你说得很对。我没有权力告诉球员留不留短发。"

"没错。"沃顿说。

"但是我却有权决定谁能上场打球。"伍登说道，"而且，我们肯定会想念你的。"

意识到伍登不是在开玩笑之后，沃顿跳上自行车，以最快速度骑到附近的一家理发店，命令理发师剪掉他所有的头发。就在理发的同时，沃顿坐在椅子上，用一次性塑料刮胡刀刮掉了自己的胡子。当他赶去参加训练时大约晚了五分钟，伍登没有教训他。那个赛季，加利福尼亚大学洛杉矶分校又一次无人能敌，又一次获得了30∶0的全胜战绩。但是，沃顿从来没有忘记伍登给他上的这一课：所有的纪律源自清晰明确的价值观。

伟大的教练怎么做？

让我们来点儿实际的。我们已经谈论了教练是什么，以及伟大的教

---

① 电影《魔戒》中的大胡子矮人。

练都有什么特质。现在，我们需要谈一谈伟大的教练怎么做。在青少年的生活中，扮演一个教练、一个有能力的父母，意味着什么？

赛前——排练

关键问题：青少年需要准备面临哪些潜在的挑战？

教练的责任之一，就是帮助队员模拟真实比赛环境、减轻压力、克服恐惧心理。这就是练习的目标。要做一个能对青少年产生影响的教练，你得进行一些练习。通常的方法是问问你自己，孩子可能会面对什么特殊的情形？为了帮助他们准备面对这些特殊的情形，你能做点儿什么？

遇到问题时，我觉得问自己这个问题非常有效："在这个情形下，我的孩子将要面对的最坏的现实情况是什么？"然后我按照"抱最好的希望，做最坏的打算"的箴言来行事。

举个例子，我朋友12岁的儿子，他们班级最近组织集体到当地的一处游乐场游玩，朋友的准备工作之一就是和他的儿子坐下来，预测了所有可能发生的最坏情况。

他们把准备工作变成了一个游戏。他让儿子先回到自己的房间，然后带着他认为的在游乐场可能需要的一切东西回到客厅。一切东西！当儿子从自己房间出来时显得非常自信，觉得已经做好了一切准备。然后他们把每个可能遇到的最坏场景排练了一遍：

爸爸：如果钱包丢了，你会怎么做？

儿子：告诉我的领队，向他寻求帮助，先跟他借钱，并告诉他你会还给他。

爸爸：聪明。

儿子：或者跟乔赛亚借，他的父母通常会多给他一些钱。

爸爸：如果你从小组中走丢了，找不到任何人，你会怎么做？

儿子：嗯，给我的领队打电话。

爸爸：可是，你知道领队的手机号码吗？

儿子：不知道，但是我会提前在公园门口和他要电话号码，存到手机里。

爸爸：外面非常热，而你非常渴。你需要喝水，该怎么办？

儿子：那儿有饮水器，还有餐饮区。

爸爸：在餐饮区怎么喝？

儿子：我可以在苏打水机器那里装满我的水瓶，而且那里还有免费的冰块。

爸爸：你不知道现在的时间，可是，你们提前说好了，得在下午三点集合。这时，你该怎么办？

儿子：爸爸，每个人都有手机。我会问其他人现在几点了。

爸爸：你忘了带香水，你闻起来像个正在腐烂的臭鼬。可是，你正站在队列里，紧挨着你觉得很可爱的阿什莉，你该怎么办？

儿子：爸爸！你真俗！

爸爸：好吧，我们以后再处理这个问题。

他们谈论了所有可能会发生的场景，在一个没有压力的环境，一起考虑该怎么做。好朋友的儿子甚至开玩笑说，如果他走丢了，"我知道如何做，爸爸。我会发射一颗信号弹。"

最后，他的儿子记下了领队的手机号码，带上了保温水杯，并且把钱包塞进了小背包。他准备好了，而且自信可以应对任何事情。很幸运，当天什么意外都没有发生。那次旅行对孩子来说，是一次印象深刻的经历。可是，即使当时出了什么事情，朋友也确信儿子知道该怎么做。提前让儿子为可能面临的实际挑战做准备，让他们两个都自信满满。

做最坏的打算，抱最好的希望。

赛后——回顾评估

关键问题：我们学到了什么？

与青少年打交道时，评估阶段非常关键。你必须问孩子的问题是："从这件事中，我们学到了什么？"

让我们再回到朋友的儿子去游乐场的例子。下午五点，朋友从公园接到他的儿子之后，他们一起谈论了这一天是怎么过的。聊的时候，朋友一直问各种各样的问题。这一天，你最喜欢的事情是什么？碰到的最有趣的事是什么？这一天之内有什么事，让你感觉很紧张？有什么事没能按照计划进行？哪些事进行得很顺利？哪些事进行得不顺利？儿子说的时候，我这位朋友做了两件事：

1. 认真倾听。
2. 心里暗暗记下将来还需要演练什么。

孩子和你对答的过程就相当于回顾比赛的过程。如果一位队员在比赛最后罚丢了一个关键球，作为主教练，你的反应应该是"我需要让他们为罚球做更充足的准备。"然后，你会根据情况调整训练计划。

下面是一个现成的赛后回顾清单：

- 什么管用？
- 什么不管用？
- 你如何能改进？
- 我怎么能帮助你？

我们再来听听朋友和儿子的谈话：

爸爸：这一天之中有什么事让你感觉很紧张吗？

儿子：啊，有一件事情。

爸爸：什么事？

儿子：嗯，我们小组有很多人，开始我们玩得非常开心。后来，他们想玩旋涡飞车，可是我之前从来没有玩过那个，所以，我有点儿不想去。

爸爸：你跟他们说了吗？

儿子：没有。我什么都没说，也没说我不想坐，因为我不想让大家认为我是个胆小鬼。

爸爸：那么，你是怎么做的？

儿子：我就坐了呗。

朋友敏锐地看出了一个潜在的问题。有些事情，儿子实际上不想做，可是，把自己的想法直接说出来，却让他感觉不舒服。这是因为同伴的压力吗？是因为他不想让大家失望吗？是他不想显得不合群吗？究竟是怎么回事呢？作为父母，你得注意这种情况。因为，虽然现在的风险是乘坐游乐设施。可是，如果不培养孩子直接说出自己想法的能力，将来风险会不可避免地增加。譬如他会在压力之下，考试作弊，甚至会买卖毒品。

将来一定会有需要他直抒己见的情形。

朋友意识到，为了防患于未然，他需要留心给儿子提供更多的机会来直抒己见。因此，他开始一点一点地帮助儿子锻炼这项技能。家人出去吃饭的时候，他给儿子足够的空间来清楚地表达自己的喜好。他们会讨论去哪儿吃，吃什么，让儿子直抒己见，明确表达自己的想法。年度体检时，面对他们的家庭医生，朋友训练儿子如何和医生谈话，以及如何问他想问的问题。通过这些做法，朋友尝试教给儿子，要敢于同权威人士交谈，敢于提问、敢于对自己重要的事情直抒己见。

朋友之所以和儿子一起实现了所有目标，是因为他事后进行了评估，注意到了细节问题，然后，有针对性地做了相应的小调整。

比赛期间——放手

关键问题：没有我，他们为成功做好准备了吗？

我没有按照时间顺序，而是先讨论完赛前和赛后部分，然后才在这里讨论比赛期间这部分内容，这是有原因的。因为，和足球教练面对的情形不一样，青少年生活这场比赛，不会直接呈现在你面前一个修剪过的草坪上，而且，你也没有哨子来叫暂停，无法来做调整。实际上，你现在训练青少年准备应对的大部分的生活情形，你都不会在场。他们得靠自己来做这些事情。在大多数真实的情形下，你能做的并不多。这不在你的掌控之中。如果你想要影响结果，你就得在赛前阶段做工作。

为什么向教练转变？

实际上，很多父母非常害怕从空中交通管制员到教练的心理转变。随着青少年变得越来越自主，越来越独立，看起来好像是他们在逐渐逃出你的掌控范围。其实，不是这样的。转变成一个教练，能让你在最佳时刻施加真正的影响，更重要的是，能真正帮到你的孩子。

但是，这是个非常艰难的过程。它需要你不断努力，需要你放弃某种固有的思维方式，需要你熟练地做一些非常难做的事情。为什么你得这样做呢？为什么每一位父母都要经历这种麻烦，做这种策略上的转变呢？

原因如下：

1912年4月2日，为了检测泰坦尼克号的整体性能及适航能力，人类历史上建造的最大的远洋轮船在公海下水试航，开始经受大海的考验。

试航之后，巡视人员以及工程师报告说发现了两个警告信号。

- 巡视人员发现，在将船结合在一起的三百多万个铆钉之中，船身前部的铆钉是由铁和矿渣制成的，而不像用在船身其他部位的是更坚硬的钢铆钉。巡视人员担忧,这种不合规格的铁铆钉会让船头变得相当脆弱。
- 另外,在试航期间,船右侧煤仓储存的煤着火了,直到几天后才完全熄灭。巡视人员和工程师担忧,火灾可能会让这个区域的船板更脆弱易碎。

因为急着让这艘船出海(开始挣钱),这些顾虑被完全忽略了。众所周知,泰坦尼克号以每小时23英里的速度撞上冰山时,正是撞在了被火烧得更脆弱的右侧船身上。船头较弱的铁铆钉爆开,导致船身处的接缝断开,加速了船的沉没。使用钢铆钉的船体部分没有进水,这绝非偶然。

重点在于:如果你不训练青少年——如果你不做赛前的排练,或者不做赛后的评估——那么你就不会发现警报信号。如果你不注意警报信号,不做必要的改正,不幸可能就会发生。

你不可能预测到每一座冰山,但是你能让船更坚固些。

当青少年失败时,你应该做什么

当青少年失败时(青少年肯定会有失败的时候),你得想方设法弄清楚究竟是怎么回事——不管是化学考试没通过,还是撞开了邻居的信箱或者聚会后喝得醉醺醺地回家。如果你和青少年坐下来好好谈,并且问孩子:"从这件事我们学到了什么?",结果可能会不一样。

- 使用"我们"这个词意味着一种支持,能向孩子表明,不论好坏,你们会一起应对这件事。这能消除孩子对你的敌意,因为每次失败之后,青少年会害怕受到惩罚。他们的行为很可能会受到惩罚,但是,你的前奏必须向青少年传达这样的信息:我们会风雨同舟。就像《正面管教》系列书的合著人简·尼尔森博士说的那样：沟通先于改正。这非常关键，因为它能让青少年摆脱"抵抗还是逃避"的思维模式，能让青少年有机会吸取教训。
- 这个问题强调了这样一个事实：失败是学习和生活的一部分，这很平常。这样的心态既积极健康，又符合实际。
- 这个问题把青少年的关注点从失败后的苦痛（过去的事）转移到以后走向成功需要的成长（将来的事）上。这对我们更有帮助，因为我们不可能让时光倒流，改变过去。
- 它能帮助你和青少年识别哪些事进行得很顺利，为什么顺利。这能让你和青少年深刻了解他们自身独特的优势。
- 它能帮助你和青少年识别哪些事进行得不顺利，为什么不顺利。这能让你和青少年深刻了解他们特有的弱点。
- 它能帮助你更容易判断，青少年现在需要进行什么样的模拟和练习，才能改善原先不太如意的结果。

只要你是个教练，你就不得不应对失败。可是，对于一个伟大的教练来说，应对失败的方式很重要。而且，你如何应对失败，不仅仅是你一个人的事，同时也是在教青少年应该如何应对失败。作为成人，你有两种青少年没有的、至关重要的本领：

1. **透视**。青少年不清楚有些事是否重要，因此对他们的表现你不要反应过度，说话要把握分寸。判断孩子为什么会失败时，一定要有根据，要深思熟虑——从全局角度来考虑这件事对孩子的发展意味着什么。

2. **鼓舞**。教练能给队员最大的财富就是动机和鼓舞。这对他们就像是空气一样——在失败的时候，他们需要呼吸氧气。就像马丁·路德·金博士曾经说过的那样："衡量一个人的真正标准，不是看他在舒服和状态好的时候如何表现，而是看他在面对争议和挑战的时候如何承受。"

帮助青少年面对失败的时候牢牢记住这些事情,那么在生活的赛场上,你就完成了一个伟大教练的职责。

> 你可以控制孩子,或者你可以帮助他们成长。
> 但是二者不可兼得。

第三种思维模式：
你需要帮助

第一次看娱乐与体育节目电视网（ESPN）播放的比赛，我就被迷住了。这绝对不是一个单单靠运气就能取胜的比赛，这是一场精神的博弈，通过使用心理战术，你才能打败对手。这些选手，这些富有魅力的运动员，他们在网上竞争，一掷千金。

我说的，当然是——德克萨斯扑克。

我也想成为其中的一员，所以我决定在线上玩。我学会了行话：决胜桌、爆冷门、河牌、流量电容、灵便班卓。

没错，最后那两个是我编的。

结果证明，我相当善于打扑克。我开始赢钱，我不仅有强烈的竞争欲望，而且我对像扑克之类的策略游戏异常着迷。我喜欢快攻。

可是，和其他任何上瘾的东西一样，它开始不知不觉地展示它的破坏力。线上扑克开始慢慢地吞噬我，睡觉时我还想着：我不该那样出牌，我本来能赢的。

它变成了我思想和生活最炽热的中心，它让我变得孤僻。我会把自己锁在办公室，每天玩四五个小时，假装是在工作。我腾不出时间和家人或朋友待在一起，即使和他们待在一起，我也老是想着赶紧回去打几把。

有一天，好朋友詹森来我们家，找我聊聊近况，分享一些消息。经过几个月的努力，他的妻子终于怀上了他们的第一个孩子。

第三种思维模式：你需要帮助

就在詹森站在我办公室门口，激动地告诉我这个好消息时，我却坐在笔记本电脑后面……忙着打一把扑克。我没顾得上站起来，没顾得上和他握手，没顾得上多看他一眼，没顾得上拥抱他，没顾得上祝贺他。

我什么也没做。

楼下关门的声音把我从迷雾中震醒了。那一瞬间，我意识到自己刚刚做了什么，我发现了自己沉迷网络赌博的现实，我认识到了它对我生活危害的严重程度。

但是，远不止于此。自从我成了被别人收养的孩子以后，我恨，自己不能控制生活的很多方面；我恨，那些不能永远属于我的东西；我恨，自己不停地从一家搬到另一家；我恨，人们会匆匆进入我的生活然后突然离开。因此我不知疲倦地工作，想要确保如果生活中有什么事情是能控制的，我就要控制住它。我想要控制生活，这样的话，生活就不能伤害我、不会让我失望（我知道这不可能，可是你知道我是如何变成这样的）。我记得，当我意识到这个线上扑克赌博的东西控制了自己的时候，我几乎瘫倒在了地板上。明明是它控制了一切，不是我！最糟糕的是，我不知道自己能否从它的网中挣脱出来。

害怕、憎恶、羞愧，一阵阵强烈的情感涌上我的心头。

妻子进来时发现我跪在地上，泣不成声。

像许多人一样，尽管我表现得做事井井有条，可是在内心深处我是一个性格有缺陷的人。

自家后院的陷阱

对德克萨斯扑克顿悟的那一天，我意识到自己已经掉进了一个陷阱。这个陷阱一直伪装得很好，隐藏在众目睽睽之下。我没想到自己会陷入其中。毕竟，没有人会说："你知道我今天会做什么吗？我会慢慢地迷上网上赌博，把自己和生命中最重要的人隔离开来，伤害自己以及很多关心我的人。"没有人打算那样做。可是，陷阱实质上就是这样。

如果你不睁大眼睛，不观察你正走的路，不知道自己在寻找什么，不能保持时刻警惕，就可能落入陷阱。

但是最使我不安的是，那个陷阱不像是什么外在的东西。没有人隐藏在那里，试图用卑鄙的手段捕获我。这个陷阱——与其他类似的陷阱一样——来自我的内心。

这个陷阱和我的性格、思维方式、处事方式有关；这个陷阱和我的背景、成长历程有关；这个陷阱似乎是从我身上……冒出来的。它是一个盲区。直到发现自己已经处在陷坑里时，我才看见它。

网上赌博事件之后，我禁不住担心：

> 我害怕自己还会落入陷阱。
>
> 我害怕自己的缺陷最终会伤害孩子。
>
> 我不够强大，不能避免我的性格缺陷会伤害那些我爱的人。

这些想法让我非常不安，不过，我再也不假装了。我明白了，如果不小心，我可能会轻易地掉进陷阱，可能最终会给最在意我的人造成无心的伤害。

生活中，我们每个人都有自己的问题，而我们如何处理这些问题真的很重要。

你是个怎样的人会直接影响你的孩子，而且，它直接关系到你是否有能力成为一个好父母。为了更好地帮助我们身边的青少年，我们需要帮助来解决我们自己的问题。

因为，毕竟苹果落地，离树不会很远。

这让我想起一位导师肯恩·凡·米特（Ken Van Meter）曾经说过："青少年从我们的言谈中，学到一些东西……从我们的行为中，学到很多东西……但是从我们是谁，我们这个人本身中，学到的最多。"

我们需要认真考虑，我们是（或者将会变成）哪种类型的人——不只是为了我们自己，更为了那些依靠我们的人。

让我们谈论一下两个相关的词语

古希腊人编写并分享了几十个关于一个词语的警示故事，目的就是为了警告每一个人这个词语有多么的危险。即便是今天，我们最喜欢的一些故事仍然以这个词为中心。

这个词就是"傲慢"。

傲慢这个词来自希腊语，意思是过于骄傲或者过于自信。听到这儿你可能会想："嗨！自信有什么错？"但是，傲慢意味着你太过自信了。膨胀的自我认知与平凡的现实之间有着本质的区别。

傲慢表现在很多方面。在文学上，它常常是造成人物悲剧命运最显著的性格缺陷。这是古希腊文学最盛行的主题之一——阿喀琉斯、奥德赛、阿拉克尼、伊卡洛斯、尼俄伯等，全都是因为傲慢而失败的。

我最喜欢的一个关于傲慢的例子来自经典电影《侏罗纪公园》，影片中一群科学家创建了一个满是巨型恐龙的公园，他们相信人类的聪明才智能够防止任何事情出现差错。他们疯狂地高估了人类控制自然的能力[①]，结果一个律师蜷缩在抽水马桶上，被一只霸王龙吃掉了。此外，还发生了其他一些不幸的事情。

我知道你在想什么："乔希，我可没打算近期用转基因来制造顶级阿尔法掠食者。这一切与我有什么关系？"

这一切和你息息相关。因为，和这些科学家一样，我们每个人都面临一个重要的选择，更确切地说，是二选一。

我们可以选择傲慢，也可以选择其对立面——傲慢的解药。与能够

[①]《侏罗纪公园》中我最喜欢的台词是杰夫·戈德布拉姆扮演的古怪数学家——伊恩·马尔科姆说的一句话："你们的科学家总是在考虑他们是否'能'做什么，却从来不懂得停下来想一想他们是否'应该'那么做。"

造成悲剧性后果的傲慢不同,有一个词代表了一种清醒的、准确的自我评价。

这个词就是"谦逊"。

这就是我们的选择。

没错,"谦逊"这个词很让人困惑。有些人认为,谦逊就是即使你擅长做某事时你也会假装不擅长。但是,谦逊不是假装。谦逊意味着"适度、准确地看待自我或者自我价值"。真正谦逊的人懂得,即使自己擅长做一些事情,也并不代表自己比其他人更好或者更重要。

我们都碰到过一些自以为是的人,这些人认为他们的存在、观点以及喜好比别人的更重要。①有这样的人在身边,你会开心吗?有这样的人在身边,我们的感恩节会过得更快乐吗?不,不,显然不可能。

谦逊需要巨大的勇气。自我反思会令人恐惧——它意味着你得精确地估量你是谁,你不是谁。它意味着你得有足够的勇气去面对(而不是不予考虑或者试图辩护)自己的各种弱点和缺点,同时,它也意味着毫不膨胀地承认自己明显的优势。

谦逊如同高空走钢丝。可是,对于教育孩子来说,谦逊是很重要的一部分。

这对我们来说意味着什么

作为父母和看护人,我们面临一个重要的选择,我们可以选择傲慢,也可以选择谦逊。不管你和我选择哪一个,我们的决定将会对孩子产生深远的影响。

我们的选择意义重大。

---

① 或者,只要看看网上的很多评论就可以了。

选项 A：傲慢意味着靠谎言度日

"我个人能力有限，这怎么行。"

因为：
- 我没有缺陷。
- 我会更努力地工作。
- 我会加倍努力。
- 我只听我自己的声音。

所以：我一个人就行，我不需要帮助。

这会如何影响你的孩子：它会营造一个害怕失败、耻于寻求帮助的家庭文化。

选项 B：谦逊意味着以真理为准绳

"我个人能力有限，可是这很正常。"

因为：
- 我有盲点。
- 我有弱点。
- 我很脆弱。
- 我有时以自我为中心。

所以：我可能需要一些帮助。

这会如何影响你的孩子：它会营造一个彼此信任、紧密联系的家庭文化。

选择谦逊并不意味着选择了失败。它意味着我们意识到自己需要帮助，意味着我们不想被霸王龙吃掉。谦逊不但不会让你变得软弱，相反，它会让你更加勇敢。

谦逊是获得青少年信赖的最佳方式。

父母容易陷入的四种常见陷阱

作为父母和看护人,我们可能会落入四种常见的陷阱:舒适陷阱、认可陷阱、控制陷阱、成就陷阱。

耐人寻味的是,这些陷阱常常只是一种优势的误用。这不无道理,因为每个积极的性格特征都有黑暗的一面。误用或运用到极端的时候,每一项长处都会展现其消极的一面。比方说,如果不小心控制的话,注重细节的人会过度追求尽善尽美,最终把自身的长处变成一种耗费身心的痴迷。

我在下面罗列了这四种主要陷阱的细节,还提供了生活中真实的例子,对比了成功避开这些陷阱的父母和落入这些陷阱的父母。虽然我对他们的名字做了改动,可是,这些都是真实的例子。

我的目标是双重的。首先,我想把这些陷阱的表现形式展示得清清楚楚。虽然这些例子并不是范例,但它们应当能警示我们,让我们保持清醒。其次,我希望这些父母谦虚诚实的做法能让你充满希望,能够引导你和青少年建立牢固的关系。

可能这四个陷阱中只有一个会引发你的共鸣。但请你摒弃成见,把每个陷阱的内容都读一读,看看你个人更易于落入哪一个陷阱。作为父母,只有我们了解了自己的弱点,才能更好地扮演这个重要的角色。

第一种陷阱:舒适陷阱

从来不想做任何费力或困难的事情,因为害怕失败而不敢尝试。

虚假的叙述:"这对我来说实在太难了。我天生不适合做这个。"

一贯做法:忽略孩子的问题,不闻不问。

无意中给青少年传达的信息:"成人不可靠"和"你不值得我花费时间,不值得我付出努力"。

解药:为了弄清楚怎么提供帮助,你要涉足自己不懂和害怕的领域。

傲慢实例研究

当我第一次见到弗兰克和他妻子的时候，他们读初中的女儿杰米情况很糟糕。她吸食各种毒品，有自虐行为，而且和一个二十岁的人有性关系。弗兰克对这一切一无所知，一直被蒙在鼓里。不过，这主要是因为弗兰克不想知道。关于杰米的行为举止，他一直采取一种否认的态度。

弗兰克的妻子和前夫有一个儿子和一个女儿。和弗兰克结婚两年后，她生了杰米。初为人父的弗兰克非常喜欢脸蛋娇嫩、乖巧听话的女儿。他觉得哄小孩一点儿也不费事。可是青少年呢？可就没那么容易了。跟他们打交道要了解他们的人际交往方式、态度倾向、复杂的情感世界。这要求也太多了，于是弗兰克开始甩手不管了。一回家他就扑通一声倒在躺椅上看电视。弗兰克甚至不和家人一起在餐桌上吃饭。他把自己的盘子拿到客厅里，坐在电视机前吃。而且，他开始在工作上花更多的时间，回家也越来越迟。

弗兰克不愿意涉足杰米的生活。我问他打算采取什么步骤来和女儿交流的时候，他会耸耸肩。我逼问他的时候，弗兰克会换话题，好像就连想想这个问题都让他受不了。尽管弗兰克口口声声说他爱杰米（我也相信他），可是，他对女儿的生活不管不问的做法却很难让人相信他的话。

杰米选择寻求专业帮助。母亲成了她的精神支柱，她支持女儿、照顾女儿、为女儿提供一种令人感动的情感支持和爱。弗兰克却什么也没做，他甚至撤得更远了。

结果，弗兰克与三个孩子的关系非常失败。当我问杰米父亲是否爱她时，杰米说："也许吧。但是我从来没有感觉到。"当问到其他两个孩子（现在长大了），请他们用一个词来形容继父弗兰克在他们生活中扮演的角色时，他们认为最恰当的一个词是"毫无价值"。

谦逊实例研究

迈克尔还是个婴儿的时候,他的亲生父母就是吸食冰毒的瘾君子。毒瘾发作的时候,他们连自己孩子的哭声都听不到。

政府调查人员直到现在都不清楚,迈克尔是如何活下来的。可是,有一点他们却非常清楚:迈克尔从来没有被父母当作过一个婴儿。他大部分的童年时光都是与世隔绝的,常常连续几周独自一人,根本没有人在意他的哭喊声。这一切给迈克尔的成长造成了灾难性的影响。

八岁的时候,在迈克尔家里,当着父母的面他遭到一个客人的性侵犯。之后,这种性虐待不断发生。后来,迈克尔的父母甚至开始出卖迈克尔来赚取吸毒的钱。当警方得知情况时,他们发现迈克尔就像未驯服的动物一样藏在屋里。他已经学会了憋住屎尿,一旦有人靠近的话,他会像臭鼬一样喷出粪便来赶走他们。

经过当地心理专家诊断,迈克尔患有反应性依附障碍症。得了这种病的孩子,无法和父母或者看护人建立健康的依附关系。

加利福尼亚州的工作人员找到了跟迈克尔最近的亲属——他的伯伯史蒂文。史蒂文和弟弟已经将近十年不来往了。他和乔伊结婚后一直没有孩子,可是他们很喜欢现在的生活,喜欢那种舒适和节奏。但是,得知迈克尔的遭遇时,他们不禁落泪了。

他们决定收养迈克尔。

我遇见史蒂文的时候,他和乔伊正在做这个决定。迈克尔不是他的亲生孩子,他之前也从来没有做过家长,更不要说给一个患有严重情感问题、使临床心理学家困惑、处于青春期前的孩子做家长。这将完全颠覆他的生活,打乱他原本拥有的平静。但是,史蒂文和乔伊义无反顾地做了迈克尔的养父母。

史蒂文和乔伊花了七年的时间才在迈克尔身上取得突破——开始治愈那最初十年令人恐怖的生活对迈克尔的伤害。但是,他们做到了。七年里,他们每周四次去咨询专家。其中,两次带着迈克尔一起去,一次夫妻俩一起去,一次夫妻俩其中的一个人自己去。这是项艰巨的任务,但是,他们做到了。现在,迈克尔变得好多了。他已经十七岁了,喜欢打棒球,是所在高中校队的启动二垒手。他很幽默,身边有很多朋友。而且,他有史蒂文和乔伊,他叫他们爸爸和妈妈。

在迈克尔人生的方程式中,什么改变了?史蒂文和乔伊。尽管他们最初非常害怕,完全不知道该怎么办,尽管他们也非常不想管,可是,他们最后决定迎难而上。最终他们想出了帮助孩子的办法。

第二种陷阱:认可陷阱

想让每个人喜欢。

虚假的叙述:"如果有人对我不满,这说明我做错了什么。"

一贯做法:不对抗,不设定界限。

无意中给青少年传达的信息:"我不制定规矩。你想做什么,就做什么。"

解药:懂得爱意味着制定明确的规矩,并且坚决执行。

傲慢实例研究

我永远不会忘记鲍勃对我说的第一句话。当时他拉着儿子亚伦的褐红色连帽风衣,硬是把处于青春期的儿子拽进门来:"你能让他听我说话吗?"

之后,我了解到亚伦常常辱骂他的爸爸。他平时不是嚷嚷就是尖叫,要不就使劲地摔门、损坏家里的财物,并且时不时地大发脾气,原因通常是事情没有遂他的愿。

这对我来说一点儿也不吃惊:青少年是感性动物,容易发脾气。有时,你只是让他们倒一下洗碗机里的水,他们也会强烈地不满,就好像你是在让他们用舌头……去清理纽约中央火车站所有的洗手间似的。

让我吃惊的是鲍勃的反应：孩子只要稍有不满，鲍勃就会让步。如果亚伦因为想要一些东西而大发脾气，鲍勃会立即给他买。如果亚伦想去参加一个聚会而鲍勃却说不行，亚伦就会大叫大嚷，直到爸爸让他去。

事实上，鲍勃是个非常不错的家伙。他超级有趣，聚会上非常活跃，讲起故事来叫人赞叹，可以说是人见人爱。可是，这就是问题的所在：鲍勃太招人喜欢了。他自己也特别在意受到别人的喜欢，结果，无意中就变成了一个能够被轻易说服的人。

我向鲍勃解释说，规矩的存在是为了帮助青少年理解权威的概念，并且让他们能够明白，什么样的事该做，什么样的事不该做。如果鲍勃还不给孩子订立规矩，亚伦可能得先吃点儿苦头才能学到这些道理。

鲍勃和我一起商量，给亚伦制定行为规范。其中规定，如果亚伦违反了这些家规，就要接受明确、具体的惩罚。可是，就在我们快制定完的时候，鲍勃说："如果他不服从这些规矩，我该怎么办呢？"

"强制执行我们商定的惩罚措施。"我说，"记住，你是家长！"

鲍勃问能否由我来强制执行这些惩罚措施。"我认为由你来执行的话会更有效。"他说。

但是，我知道鲍勃话里头的意思，他是想说："我怕亚伦会对我发火。可是，如果你惩罚他，他就会恨你，而不会恨我。"而且我也知道，如果鲍勃继续这样想、这样做，亚伦的麻烦可就大了。

谦逊实例研究

我坐在塞布丽娜家的客厅里，和她的亲朋好友一起为她出谋划策，帮助她想清楚该怎么样对待她的儿子。

塞布丽娜的儿子是个高三学生，可是已经误入歧途。他经常逃学，时不时地从姐姐们那里拿钱，还整天和一群黑社会的人厮混。我们围坐在塞布丽娜身边，试图说服她，想让她明白对儿子最大的爱就是立即给他订立明确的规矩。即使这意味着儿子会生气，甚至有可能不和她说话。即使这意味着，如果十八岁的儿子非要像现在这样为所欲为，就把他踢出家门。

塞布丽娜是个温顺善良的单亲妈妈，她不知道该做什么。

"他是我的儿子！"她边哭边说，"我爱他。我根本做不到。我不能把他踢出家门。"

塞布丽娜当然很爱儿子，哪怕他有很多缺点和不良行为，她仍然相信孩子内心是善良的。

像塞布丽娜这样害怕和别人起冲突的人，一心只想讲和。不想和别人起冲突，这没什么错。可是有些事你根本不能讲和。相反，你必须和它们对抗。

塞布丽娜需要懂得：爱一个人并不意味着赞同或支持那个人所做的每一件事。儿子需要知道自己目前的所作所为很危险，而且，如果他执意要继续错下去，那么，塞布丽娜家就不欢迎他。

于是，塞布丽娜明确地告诉了儿子她的不满，说清楚了自己期待他怎么做，说明了可能的后果。我们就坐在那里听她说，给她提供支持。她儿子很不高兴，气势汹汹地离开了。就在门"砰"的一声关上的时候，塞布丽娜放声哭了起来。

"我觉得我的心都要碎了。"她说。

但是，儿子是个聪明的年轻人，最终，他回家了。他同意了那些规矩，答应了那些条件。现在他做着两份工作，而且马上就要去大学学习消防专业。

后来和她儿子谈话的时候，他告诉了我自己选择回家的原因，他说："我知道那时做的事情很坏，可是，直到妈妈说她宁愿家里不要我，也不愿意看到我做的事情时，我才知道到底有多坏。那句话敲醒了我，它让我醒悟了，因为我知道她有多爱我。"

第三种陷阱：控制陷阱

需要知道孩子的每一个计划，想要控制每一个细节，想让事情完全按你的方式来发展。

虚假的叙述："如果我不保持警惕，可能会出事。"

一贯做法：过于蛮横、过度保护。

无意中给青少年传达的信息："你自己应对不了生活。"

解药：让孩子学习独立行事的技能，为将来的生活做好准备。

傲慢实例研究

一见到卡罗尔我就发现，她是那么聪明，头脑非常灵活。十九岁的她刚刚高中毕业，并以优异的成绩修完了好几门大学预修课程，而且当时她已经大学入学了。我注意到的第二件事是，当我问她一些简单的问题时，她总是习惯于求助她的妈妈詹妮弗。詹妮弗来找我是因为，她的女儿高中毕业后碰到些麻烦。她在当前就读的这所高级的、有声望的大学里感觉不太适应。为此，詹妮弗非常担忧。

"为什么你不喜欢住宿舍？"我问卡罗尔。

"我不是很清楚。"卡罗尔轻声地说。

"对她来说，住宿舍太让人崩溃了。"她妈妈说。

"啊！具体地说，什么事让你崩溃？"我问卡罗尔。

卡罗尔看了看她的妈妈，似乎在寻求正确的答案。

"很多事情。"妈妈说。

"说出一件来。"我又一次对卡罗尔说，"这样的话，我才能了解你的具体情况。"

"嗯，比方说，洗衣服的事。"妈妈突然插话。

"洗衣服的事？"我有点儿惊奇地问道，"卡罗尔，或许你能自己和我说说。"我试图暗示一下她妈妈，应该让她的女儿自己回答一个问题。

"那里实在是太混乱了。"妈妈接着说,完全没有注意到我的暗示。

"卡罗尔,你学过如何洗衣服吗?"我问道。

卡罗尔朝妈妈看了看。

妈妈摇了摇头,说:"她得在学校好好学习,太忙了,顾不上学洗衣服。"她边说边紧张地笑了。

过了一会儿,我意识到如果我想真正地和卡罗尔谈话,就不能让她和妈妈在同一个房间里。后来,趁她妈妈不在场的时候,我终于让她开口说话了。这时我才明白,虽然已经上了大学,但一到了需要做决定的时候,卡罗尔就完全没了主意。"犹豫不决"甚至都不足以用来形容她的情形。卡罗尔自己甚至连最简单、最小的决定都做不了。

知道这是为什么吗?因为她从来就没有做过决定。妈妈一直在替她做决定。

当然,我们不能怪詹妮弗。当她还是个小姑娘的时候,她们全家为了躲避越南的动荡和暴力一起移民到了这里。听她讲述家人如何失去了所有的财产,如何辛苦打拼来重建生活,虽然他们生活的港湾区有很多的机会,但我还是能够深深地理解詹妮弗内心的恐惧。辛苦地工作来建立新生活,我对詹妮弗的恐惧表示非常同情。

为了防止不测发生,詹妮弗一直试图控制自己家庭生活的每个方面。18年来她一直这样做(而且做得非常好,这一点我承认),结果导致了严重的、她意想不到的后果。她的女儿卡罗尔不会解决问题,甚至连最常见的失败情绪都处理不了。

妈妈过度的保护让卡罗尔变成了一株温室里的花朵。当现实世界的打击来临时——它肯定会来——卡罗尔毫无准备。

谦逊实例研究

和许多酗酒者的子女一样,在成长过程中,埃里克学会了努力控制生活中他能控制的东西。这是他的应对机制。

所以，有了孩子以后，为了确保孩子不受任何伤害，埃里克会发疯似地奋斗，这也就不足为奇了。对于他来说，这是父亲的责任，天经地义，合情合理。

可是，当12岁的女儿被诊断出患了一种罕见的癌症时，埃里克彻底乱了方寸。虽然女儿后来完全康复了，埃里克却无法从那次诊断带来的巨大打击中恢复过来。于是，他去咨询，想弄清楚到底哪里出了问题。就在咨询的过程中，他取得了突破。

"有一次，医生让我讲一个爸爸安慰我的场景。"埃里克告诉我，"于是，我就讲了爸爸总是开车送我去参加篮球训练，送我到朋友家。忽然，医生打断了我，说道：'我没问你爸爸什么时候满足过你的需求。我是问你，他是如何安慰你的。'那时我才意识到，爸爸从来没有安慰过我。一次也没有。就在那一刻我明白了，自己也落入了完全相同的陷阱。我整天忙着挣钱，忙着保护我的孩子，忙着解决孩子的问题，以至于我从来没有安慰过他们，从来没有帮助他们弄清楚如何面对损失、失败，或者痛苦。"

埃里克最终明白了，虽然他想保护孩子，想让孩子生活得更好，可是由于自己成长的伤痛，他不知道如何关心孩子，结果适得其反。

帮助女儿准备学业能力倾向测试的时候，埃里克偶然读到一个短篇小说，其中的意象让他懂得了这个道理。

"故事中的小孩子很小心地照料一个装在大罐子里的毛毛虫。"埃里克告诉我，"后来毛毛虫变成了蛹，男孩还是每天都会观察那个罐子，可是，当飞蛾破茧而出后，他没有把飞蛾从罐子里放出去。结果，飞蛾无法展开翅膀，随后，分泌物在蝴蝶畸形的翅膀上变硬，让这个生灵永远都不能再飞。"

埃里克的谦逊之旅告诉我们，生活中有很多事是我们自己或者其他任何人无法控制的。一心想要保护其他人免受痛苦、折磨或者失败的愿望是不现实的。但是埃里克意识到了，他能够让孩子自己做准备去应对一些事情，意识到了当那些艰难考验时刻来临时，他的存在能够令孩子感到欣慰。而且，这样的时刻，总会来的。

无论如何，这就足够了。

第四种陷阱：成就陷阱

必须被大家认为是最好的，必须赢。

虚假的叙述："如果我没赢，那么我将一文不值。"

一贯做法：对孩子的表现施加压力。

无意中给青少年传达的信息："你永远也不会足够好。"

解药：对与成就无关的事进行鼓舞和表扬。为了青少年本来的样子而高兴，而不是为了他们做了什么而庆贺。

傲慢实例研究

贝安卡在当地一所排名很好的高中里当顾问和教练。学校所在社区地价高得令人难以置信，吸引了不少富有和显赫的家庭前来定居——当然这也意味着，教育会更受重视。

那天，贝安卡和一个叫艾米丽的初中生以及她妈妈面对面坐着。艾米丽的理科成绩很好，可是大学预科课程中的文学和历史把她的成绩拉了下来。看了孩子的成绩单，并且和艾米丽以及她的老师谈过之后，贝安卡内心觉得，可能是艾米丽参加的大学预修课程太多、压力太大，影响了她的成绩。

贝安卡开始了她精心准备的谈话，她鼓励艾米丽走一条稍微不同的学术道路，委婉地建议艾米丽最好把精力集中在科技工数（科学、技术、工程、数学）这些课程上，英语和历史退到普通班上。可是，还没等她说完，艾米丽的妈妈就从椅子上蹦了起来。她滔滔不绝，把女儿大骂了一通。

"你想退出？想走下坡路？你觉得只参加一些普通班的高中课程，顶级的大学会要你吗？你有没有想过那意味着什么？为了你的将来？如果你不小心的话，你的结局……嗯，你的结局就和她一样。"她边说边用手直接指着贝安卡，"那是你想要的吗？"

最近，我有机会和一些父母、学校行政人员、市政官员，以及来自全国的心理专家在美国最富有、最知名的一所学校相聚并座谈。所有与会人员都面临一个问题：我们怎么做才能阻止这个社区的青少年卧轨自杀。这些成人不是在小题大做，反应过度。在过去的五年内，这个地区至少发生过两次自杀聚集事件，每次都是在几个月之内至少有五个青少年接连在同一辆列车前卧轨自杀。

自杀聚集是个罕见的社会现象，指的是在很短的时间内或地理位置非常接近的地方，发生三起或三起以上的自杀事件。这种现象非常罕见，但是当地却已经发生了两次。

苏妮娅·卢瑟博士在耶鲁大学做的一项研究发现，在极端的学术压力下，青少年开始把自我价值和学术成就绑在一起，如果不能达到最高的成功标准，他们就会认为自己存在严重缺陷。

虽然这并不意味着，每一个高压学术环境都会造成青少年自杀。可是它的确揭示了这些"高压锅"、成就驱动环境，让青少年深受其害。

接着说我的朋友贝安卡。她请艾米丽离开了房间，试图向她的妈妈说明白，她向女儿传达的信息有多大的危害。但这位母亲怒气冲冲，不理解竟然有人认为她会做伤害自己女儿的事情。

"如果进不了顶级的学校，她该怎么办？"

"你问得不对。"贝安卡反驳道，"你最好问：'如果进了顶级的学校，她该怎么办？'"

谦逊实例研究

女儿詹娜高二放弃竞技体操的时候，洛伦开始变得谦逊了。当时，在体操方面，詹娜不仅只是擅长，她是一个顶级运动员，非常有希望获得世界冠军，甚至奥运冠军。

"我记得当时自己真的很生气。"我们第一次坐下来谈的时候，洛伦这样对我说。"当时我脑子都短路了，这根本不是我的性格。"洛伦生那么大的气，连她自己都感到吃惊。我提醒她，生气通常是次要的情绪，愤怒的背后隐藏着什么，那才是更重要的。

"我从来不生气，从来都不是一个严厉的人。"洛伦说，"我不是一个典型的'直升机父母'，成天在孩子身边围绕盘旋，朝着他们大喊大叫或责备他们，这一点我敢保证。"

但是洛伦没有意识到的是，即便是不生气，不责备孩子，也会为青少年营造一种特定的氛围。虽然没有明说，但大家可以感受到的信息是：如果你能成功，你就会得到妈妈的爱、认可、赞许和关怀。如果你没有成功……你便一无是处。

在向一位她非常尊重的、年长一点儿的母亲莉斯寻求建议时，洛伦生命中一个很关键的时刻到来了。莉斯帮助洛伦分析了一些关于洛伦自己家庭的情感问题。从那时起，洛伦才意识到，詹娜的体操成就和詹娜本身无关，而是和她有关，和她自己面对的挑战有关。

"我意识到，我想让自己的孩子赢，这样我就觉得自己是一个赢家。"洛伦说，"我来自一个特别在意荣誉和羞耻的家庭，孩子的成就是我唯一值得骄傲的东西。如果孩子失败了，作为一个妈妈，甚至作为一个人，我就失败了。"

洛伦的导师莉斯也指出，洛伦的女儿放弃体操需要极大的勇气。面对极端的压力，大多数青少年可能会不知所措，完全丧失自主能力。但是詹娜很果断。

洛伦记得，当时，对她来说，一切似乎都静止了。

"我们当时站在厨房里，然后，我们开始来回地走，女儿说：'妈妈，你觉得什么更重要？我每周在体育馆练习16个小时。只是为了那个可能，可能去参加奥运会的机会。我一点也不想参加奥运会。'她告诉了我自己想做的事情。'妈妈，我想去教堂的青年团，我想和朋友们一起闲逛，我想在家和家人一起吃晚饭。'听她说想和我们一起吃晚饭，那真的触动我了。"

洛伦变得谦逊了，她克服了挑战，意识到一味追求成就而不提供情感支持，对她的女儿不起作用。她弄明白了，得让詹娜做个孩子。于是，她那样做了。

这四种陷阱，在我们的生活中屡见不鲜。这些陷阱困住了好多父母，最终伤害了青少年。

和我相关的陷阱是第三个——控制陷阱。我经常发现自己的控制欲突然发作。这很可能是因为在我成长的过程中，有那么多的事情我根本无法控制，于是现在我想掌握主导权。有时，这样做很好，但是，有时，这样做令人非常不快。或许，你能理解。

作为父母，我们难道就不能摆脱这些问题吗？说实话，几乎不可能。即使是过了这么多年，如果我现在还有小孩，这些问题可能也不会完全消失。

但是我需要知道自己的问题所在。即使我们不能永久地摆脱这些问题，我们需要知道，这些问题有什么迹象；我们需要知道，当怒火迸发的时候，如何去熄灭它们；我们需要反省自己、丢弃不好的想法、迅速从过去的行为举止中恢复过来；我们需要变得更好。

我知道，直面自己的缺陷很难。但是，令人欣慰的是，在这些事情上，坦诚对待自己不会让你变得脆弱。自我反省是通往谦逊的一扇门，如果你有勇气去这么做的话，它会让你变得更坚强。更重要的是，它能让你成为更好的父母。

一个朋友曾经告诉我："搭救河中溺水的人，最好的方法不是跳入水中，而是留在岸上，留在坚实的地面上，给那个人扔一根结实的绳子。"

让我们竭尽所能，留在坚实的地面上。

通往谦逊的现实的道路

我十分清楚：想让自己变得更好、想克服自己的性格缺陷，不能简单地套用公式。但是，我想分享一下对我有帮助的三个步骤（这些步骤现在仍然让我受益）。虽然每个人从这些步骤中收获的可能不同，但是它们是帮助我们从傲慢向谦逊转变的一个好的起点。

1. **考虑一下向别人请教。**说实在的，向别人请教没有你想的那样可怕。

时不时地，那个害怕的、受伤的俄克拉荷马小孩就会显露出来。当他现身时，我知道自己该做什么。我会去找哈里森谈话。他是个受过训练的、有资质的顾问，更重要的是，他是我的专门的、特许的顾问。他帮助我发现了自己的问题，帮助我走出了颓废，帮助我深刻认识到了什么样的情形会激发自己的弱点，于是，我不再重复同样无益的挣扎。

但是我也知道，当需要向别人请教的时候，人们往往会犹豫不决。我给你提供两点建议。

首先，不要有这样的顾虑，不要想着"去咨询就意味着我的情形糟透了"。让我们开诚布公地说：家家有本难念的经。家家都有！你可以试图掩饰自己的问题（因此孤立你自己，因为你不想让别人靠得太近），你可以假装你没有把事情搞砸（整天带着一副令人精疲力竭的面具）或者你可以五十步笑百步（指出他人的弱点，这样就没有人看到你的了），三种我都做过，根本不起作用。

其次，预先设定一个最低咨询次数。适应咨询需要一个过程，开始的时候，你可能会觉得咨询比不咨询还糟糕。不要灰心。就和锻炼身体的过程一样，酸痛是肌肉增强的一个迹象，这种感觉说明你正在取得进展。

2. 和好朋友交心。

当我和妻子莎拉订婚的时候，我立刻明显地觉察到，她的朋友比我多得多。一个原因是她简直可以被评为人类历史上性格最外向的人之一。① 她鼓励我多交一些朋友。这个建议听起来很愚蠢，因为当时我正忙着创业和旅行，没有时间交朋友。但是我勉强答应了她。

就是在那时，我突然意识到。哇哦，我都没有几个朋友哎。

我是说，我有熟悉的人、有同事、有那么几个从大学开始就认识的人、有经常打照面的人，却没有真正亲密的朋友。而且，观察一下周围的人，我发现很多人都没有真正的朋友，不是吗？

于是，在妻子的敦促下，我开始和一群同龄人出去玩儿。这些人是我在教堂里做志愿者的时候认识的。那还是 2002 年的事，在过去的十五年间，几乎每个星期二的晚上，我们都会聚一次。

就像许多有上瘾症的人一样，我会尽可能地对他人隐瞒自己的嗜好，营造一个假象。在我因詹森而顿悟之后，我首先把自己沉迷网络扑克的问题告诉了这些朋友。对一群我知道不仅不会教训我，而且会尽全力帮助我的人大声说出来，仅仅说出来，就使痛苦减轻了好多。拥有这种朋友的支持会让你备受鼓舞。要讲清楚这群伙伴给我的生活带来了多少好处，恐怕我还得再写一本书。不过，简单地说，就是"近朱者赤"的道理。与好人来往，会让我们变得更好；与好父亲来往，会让我们成为更好的父亲；与幸福的家庭来往，会让我们的家庭更幸福。

3. 组建一个顾问团

生活中，人们难免会碰到一些单靠自己的力量无法化解的大危机或大难题。生活中，有些事会突然发生。这不是一个是否会发生的问题，而是一个何时要发生的问题。问题不是，危机是否会发生；而是，危

---

① 她跟我们社区的邮递员都是大熟人。

机什么时候会发生。

当它发生时,你需要一个我亲切地称之为顾问团的东西。不过,顾问团不一定非得有很多人,它可以简单到只有一两个你能快速联系的人。但是,这些人需要有以下这些共同点:

> 他们年龄得比你大,或许大十到二十岁,因为经验很重要。
>
> 他们得是你真正尊重的人。或许说得有点多余了,但是这些人应该是你将来愿意做的那样的人。

当你面对具体的问题需要很明确的建议时,当你走到人生的分岔路口需要借助别人智慧来做出选择时,当你处于生活的迷雾之中需要灯塔来指引方向时、当你缺乏经验处于人生低谷,需要像夏尔巴人那样的向导带你登上峰顶时,你会去找他们。[①]

如果那些关心我、爱护我的成人,没有花费时间来陪我,没有给我提供指导的话,我不会是现在的样子。如果我没有严肃地对待这些导师、没有认真倾听他们的建议、没有尽我所能地按照他们的建议去做的话,我肯定也不会是现在这个样子。

做更好的自己,让每个人都受益

网上赌博的危机已经过去十多年了,现在我能够问心无愧地说:我和那个时候的我已经不一样了。为了实现这种转变,我自己付出了很大的努力,做出了一些刻意的安排(比方说,每天向责任同伴发短信签到、安装阻止赌博网站的软件、禁止手机接入互联网)。还有,这种转变还要归功于我的妻子、家人、朋友、咨询师哈里森、周二晚挚友有限责

---

① 考虑一下:个人生活指导这项产业现在每年能带来15亿美元的产值,并且还在迅速增长。为什么呢?因为我们缺少这方面的指导者,而人们却急需他们,所以愿意花这个钱。

任公司以及其他导师。在大家的帮助下，我改掉了坏毛病，成了一个更好的人。

几个月以前，在厨房柜子里翻信件时，我发现了一张寄给妻子的明信片。明信片是一个叫作"学龄前儿童妈妈"的组织寄来的。明信片上这个组织的座右铭吸引了我，上面写着：更好的妈妈造就一个更好的世界。

这句话不仅适用于妈妈，也适用于爸爸，也适用于所有关爱青少年的成人。它是真正意义上通往谦逊的关键。

当你变得更好时，每个人都会受益。

> 谦逊并不意味着你很软弱，
> 它意味着你很勇敢。

第二部分

青春期的不同阶段

part two

为了帮助青少年，首先你得了解他们。

在一个由研究人员、心理学家、科学家，以及一大群关注青少年成长的成年人构成的优秀团队帮助下，我们提炼出了青少年最具代表性的信息资料，并把这些信息资料浓缩成了易读易消化的概要。

这些概要既描述了青少年从11~18岁每一年所经历的特殊变化，也确切描述了在每一个阶段青少年需要从大人那里得到什么，以及父母可以采取哪些关键行动来满足孩子的需求。

准确地诊断

菲尔憎恨医院。要知道,当他还是个孩子时,曾经连续九天待在医院里照顾三岁的小弟弟蒂米,目睹了弟弟病情的一天天恶化。

整整九天九夜。

当时,蒂米因为肚子疼而住进医院。之后,他的状况不断恶化。开始的时候,他还很清醒,可是睁不开眼。而后,他时而清醒,时而昏迷,不得不依靠机器来呼吸。医生焦急地给他做了几十项检查,能想到的检查都做了。可是,就是不能确诊。

在这个关键时刻,兰米德医生来了。

兰米德曾经是他们的家庭医生,当时恰好在医院查房。和其他的医生一样,他对蒂米的病情感到困惑。但是,与其他医生不同的是,兰米德把蒂米的病情放在了心上。有一天,他拿着一个大号的、黄色的笔记本,坐下来询问每个家庭成员,让他们尽可能地回想蒂米住院前一周的每件事。他不肯放过任何细节,不管这些细节看起来多么不重要。兰米德医生变成了一个正在寻找线索的侦探。

回想蒂米住院之前那个晚上的时候,爸爸情绪很激动。晚餐是蒂米最喜欢的食物——鱼棒——可是那天晚上蒂米很不听话,就是不肯吃蔬菜。于是,为了惩罚他,没等蒂米吃完鱼棒,父母就早早地让他上床睡觉了。后来,蒂米偷偷地下楼,想吃鱼棒,但是妈妈已经把剩下的扔掉了。

"我记得抱他上楼的时候,他哭着喊:'爸爸,我还想吃鱼棒。'"爸爸回想着，眼里充满了泪水，"为什么那时我那么固执，就是不让他吃鱼棒呢？"

这正是兰米德医生想知道的。他从长沙发上蹦了起来，沿着医院的走廊跑了下去。

"我想我知道蒂米的问题出在哪儿了。"兰米德一边去找护士长和主治医生一边说，"他最喜欢的食物是鱼棒，我敢打赌，他偷偷地下楼，吃了已经被扔在垃圾里的鱼棒。蒂米一定是食物中毒，我们可以按食物中毒来治疗！"

兰米德医生的判断非常准确。不出 24 小时，蒂米的病情就明显好转了。治疗食物中毒的方法是很简单的，但是确诊很难。

回顾美国 25 年来的医疗事故索赔案件，约翰·霍普金斯的研究人员发现，占索赔案件最大比例的是误诊，而不是手术失误或者药物过量。实际上，误诊可能是美国最大的患者安全问题。每年超过十万人被误诊，在过去的 30 年间，与误诊有关的医疗事故诉讼案件涉及金额总值达 388 亿美元。

与青少年打交道的过程中，我发现一个类似的问题。

最有能力的父母、教师、看护人，展示了与兰米德医生一样顽强的决心。为了了解青少年，准确地诊断青少年的问题，他们会想方设法弄清楚孩子的想法、感情以及问题的由来。

青少年处在快速变化的阶段，这就需要我们及时精准地诊断出他们的问题，只有这样，我们才能更好地帮助他们。

好消息是，这正是本书这一部分将要谈论的内容。

下面几页概括了青少年从 11~18 岁每一年经历的特殊变化，你会发现这些概要不仅通俗易懂，而且操作方便。这部分内容是我和"只是一个阶段"（Just a Phase）项目组[①] 共同合作开发的。这个项目结合了创新

[①] 想要了解更多，请登录网址 ParentThePhase.com。

性研究和实际应用，体现了团结协作、持续努力的原则。此外，我们的团队不仅包括研究人员、心理学家、咨询师、青年工作者，还包括由父母、教师、看护人组成的规模很大的焦点小组。在团队成员的共同努力下，我们提炼了关于青少年在每个年龄段最完善的信息资料。下面这些概述正是从那些信息资料中进一步浓缩而来，明确地强调了青少年最需要什么，以及父母应该采取什么样的行动来满足孩子在各个阶段的不同需求。

我们的目标很简单，就是像兰米德医生一样，利用能得到的最有价值的信息，来理解青少年的问题，这样，作为父母我们才能够更有效地帮助他们。

因为，就像蒂米和兰米德医生的故事一样，你永远不知道当你密切关注细节时，竟让事情的结局变得完全不同。

11~12 岁：
天真、多变、缺乏安全感

"谁喜欢我？"阶段

青少年生活的焦点：让人接受

这个时期，孩子的生活开始发生变化，他们的朋友、爱好、情绪，甚至声音都在变。知道有人在身边帮助他们时，孩子应对这些变化就会容易一些。

成人的作用：提供保障

因为有这么多变化发生，所以尽量减少孩子生活中的不确定因素。不论是合理的膳食，便利的出行，还是及时的情感呵护，都会让孩子觉得自己有所依靠，这对孩子的健康成长有重大的意义。

关键的行动

- 把握住这段时光，这个阶段的孩子仍然非常想和你在一起。
- 和孩子一起规划去探险，一起考虑有意义的活动安排。（想一想：孩子青春期前没完成的心愿。）
- 尽情享受和孩子一起读书、看电影、听音乐的时光，这能引发你与孩子之间关于人生的有意义的谈话。

- 与孩子谈论成人的生活，谈论你最大的冒险和失误。他们想听。
- 与孩子讨论关于性的话题，认真地回答他们问你的任何问题。如果你不这么做，他们就会去问谷歌。

在这个年龄……

> 孩子的思维比较机械，
> 因此替他们连接生活的节点。
>
> 他们的行为动机是出于让人接受，
> 因此支持他们自己去摸索道路。

研究表明，他们正在经历下面这些变化……

生理上

- 饭量大增，并且每天需要睡 9~11 个小时。
- 继续掉臼齿（9~12 岁）。
- 女孩在发育方面超过男孩。
- 男孩个子长高、体重增加、荷尔蒙分泌增加，所以很有可能会长青春痘。
- 女孩个子长高、体型变化，可能开始来月经（10~16 岁）。

心理上

- 喜欢学习新技巧，喜欢有挑战性的事物。
- 渐渐地能理解抽象的概念，比如正义。
- 开始具有从不同的角度来看这个世界的能力。

- 努力寻找别人行为的动机。
- 大脑的快速发育可能会导致健忘。

人际关系上

- 经常辩论，可是论证多以感情为基础，而不是逻辑。
- 寻求同伴的认可、赞同。
- 通常在家里表现出自己最坏的一面。
- 如果有一位同性挚友会让他们受益良多。
- 重视父母以外的成人的影响。
- 开始对异性产生兴趣，会尝试亲昵的举动。

情绪情感上

- 为了合群，常常掩饰自己真实的感情。
- 相互交流感受会对他们大有益处。
- 为做决定而犹豫不决。
- 与其他任何阶段相比，更容易撒谎。
- 可能会看重感官刺激，而轻视坚持和实践的作用。

距离高中毕业，大约还有 364 周……

12~14 岁：
好奇、易怒、不稳定

"我是谁？"阶段

青少年生活的焦点：寻求自我

这时，孩子进入一个自我发现的阶段。他们的兴趣和能力可能会发生变化，而且，生平第一次，开始和有些人合不来。他们开始考虑自己是谁、自己相信什么。

成人的作用：肯定孩子开始显露的长处

很多声音以及媒体都试图塑造他们的身份——有的积极，有的消极。孩子需要有人肯定他们的长处，指出他们的错误观念，并且帮助他们发现自己的独特之处。

关键的行动

- 多多鼓励，每天都对他们说些鼓励的话。
- 开车带他们去想去的地方，和孩子在车内闲聊的机会很快就没有了。
- 和孩子一起制定一套规矩，一套条款清晰、得到他们认可的规则会帮助你成为一名办事公正的权威人士。

- 尊重的前提下密切关注他们的行踪。用数码设备和孩子保持联系，并且经常和他们待在一起，不过适当留给他们一些空间。
- 指出他们的独特之处。如果你不帮助孩子弄清他们的身份，其他人就会乘虚而入。

在这个年纪……

> 孩子的思维比较机械，
> 因此替他们连接生活的节点。
>
> 他们的行为动机是出于让人接受，
> 因此支持他们自己去摸索道路。

研究表明，他们正在经历下面这些变化……

生理上

- 每晚仍然需要 9~11 个小时的睡眠时间，另外，孩子可能很容易疲劳，或者常常头痛。
- 女孩发育比男孩快一些。
- 男孩个子长高、体型变化、身体可能会产生异味、体毛开始生长、肌肉开始增长。
- 女孩生长突然加速、身体产生气味、体毛开始生长、胸部开始发育、很有可能会来月经（10~16 岁）。

心理上

- 能够进行自我评估与自我批评。

- 能够看到问题的正反两方面。
- 能够收集信息形成观点。
- 能够解决步骤繁多、复杂的问题。
- 整理思绪的能力增强,不过,可能还不会整理自己的房间。

人际关系上

- 常常会对通俗文化、俚语或者时事感兴趣。
- 想要参与规则的协商,逾越边界。
- 在某些方面会表现出发展中的、类似成人的性格。
- 需要父母以外的成人的影响。
- 同性挚友会让他们受益。

情绪情感上

- 喜欢嘲讽的、世故的笑话。
- 常常热衷于领导别人,喜欢教小一点儿的孩子。
- 可能会在意外貌和表现。
- 倾向于把自己的时间安排得过满。
- 从情感交流中受益。

距离高中毕业,大约还有 312 周……

14~15 岁：
合群、冲动、喜欢寻根问底

"我究竟属于哪里？"阶段

青少年生活的焦点：朋友

这个年龄的青少年大多开始高中生活了，就像小鱼游到了一个更大的池塘里，他们可能会产生一种被人忽视的感觉。在这个阶段，青少年与同伴接触、寻求成人认可的愿望非常强烈。

成人的作用：了解孩子的圈子

这个年龄的青少年喜欢去能获得认可的地方，而且，在今后的四年内，没有人能像朋友那样影响他们的决定。因此，你需要密切关注来自他的朋友们的影响，帮助他明智地结识朋友、选择朋友。

关键的行动

- 重点发展健康的友情。弄清楚什么环境会对青少年产生积极的影响，并且设法让他们进入那个环境。
- 帮助他们成为一个别人眼中的好朋友。与他们讨论朋友间"主动""真诚""宽容"意味着什么，培养相关的技能帮助他们找到朋友。最好能引用你自己生活中的例子来说明。

- 记着你拥有否决权。父母行使否决权时要慎重，但是，如果必要的话，要及时运用否决权，把消极影响消灭在萌芽状态。
- 给孩子希望。不管这一年发生什么，他们自身的价值都不会因此改变，他们的未来也不会因此定格。
- 扩大圈子。邀请其他值得信赖的成人，抽出时间陪伴他们。

在这个年龄……

> 孩子像哲学家一样思考。
> 因此，多问孩子问题。
>
> 追寻自由是他们的行为动机，
> 因此，尽可能让他们自己选择。

研究表明，他们正在经历下面这些变化……

生理上

- 晚上 11 点前很难入睡（这是生理原因）。
- 每天需要 9 个小时的睡眠时间和 1 个小时的活动时间。
- 女孩仍然比男孩发育得快一些。
- 男孩个子长高、气味加重、毛发更密、肌肉块增加；可能同时也会经历青春痘增多、声音变化，以及性梦。
- 女孩身体呈现成人的体态，行经后，身高增长速度将会变慢，直至停止增长。

心理上

- 聚焦、回忆、组织信息的能力逐渐增加。
- 过于在意自我,认为"每个人都在看我"。
- 喜欢冒险和耸人听闻的经历。
- 对可能会令人尴尬的情形很反感。
- "无聊死了"常常意味着"我不理解"。

人际关系上

- 女孩开始经常化妆。
- 恋爱关系往往是昙花一现。
- 对性越来越感兴趣(据报告,美国 30% 的人有了性行为。)
- 想让父母听他们说,而不是给他们提建议。

情绪情感上

- 选择会让孩子觉得更有信心,而不是规则。
- 可能仍然对自己处于变化中的身体感到不安。
- 需要别人的帮助来应对极端的情绪。
- 动机方面可能会经历变化。
- 寻求刺激的情感经历。
- 容易迷恋自我伤害、酗酒、色情信息等。

距离高中毕业,大约还有 208 周的时间……

15~16 岁：
叛逆、冒险、勇于尝试

"为什么我不能"阶段

青少年生活的焦点：追寻自由

在这个阶段，青少年开始怀疑生活应该远不止他们看到的、经历的那样。而且，随着他们个人经历的增加，会越多地质疑权威的建议，即使是善意的建议。

成人的作用：帮助孩子树立价值观

随着自由的增加，青少年的冒险行为，甚至是自我毁灭的行为有可能会升级。这时你需要帮助青少年树立正确的价值观，建立个人行为准则，做好应对失败和不良后果的引导。

关键的行动

- 获得其他成人的帮助。创造机会，让孩子能够接触到更多的能帮助他们建立正确价值观的成人。
- 主动出击。即使孩子把你从身边推开，也要争取他们的信任。给他们写卡片；给他们发信息；出其不意地带他们出去吃午饭。腾出时间陪他们一起高高兴兴地玩。

- 始终如一。帮孩子建立明确的规则，对孩子说明你的期待，以及违规的后果，言行要始终一致。防范是关键。
- 谈论情感问题。不管他们是否开始谈恋爱，他们肯定有关于恋爱的观点。给他们机会，让他们在一个没有压力的情境下和你谈论他们的恋爱观。
- 寻找冒险的机会。不要限制他们的经历，相反，设法寻找机会，鼓励他们去体验，让他们置身于充满挑战的情形中，这样才能激发他们的潜能。

在这个年龄……

> 他们像哲学家一样思考。
> 因此，多问孩子问题。
>
> 追寻自由是他们的行为，
> 因此，尽可能让他们自己选择。

研究表明，他们正在经历下面这些变化……

生理上

- 晚上 11 点前很难入睡（这是生理原因）。
- 每天需要 9 个小时的睡眠时间和 1 个小时的活动时间。
- 女孩很有可能已经达到了成人的身高和身体发育程度。
- 男孩可能会经历青春痘增多、声音变化，以及性梦。

心理上

- 聚焦、回忆、组织信息的能力逐渐增强。
- 热衷于谈论全球问题,并且可能会谴责成人的做法。
- 过于在意自我,可能认为"每个人都在看我"。
- 喜欢冒险和耸人听闻的经历。
- 好奇心强,喜欢刨根问底,对超自然现象感兴趣。

人际关系上

- 对恋爱关系可能变得更加"投入"。
- 对性越来越感兴趣(据报告,美国41%的人有了性行为)。
- 对约会暴力和强奸的敏感性增加(16岁)。
- 可能会抑郁,这几年是青少年自杀事件的高发时期。
- 渴望获得自由、尊重,希望担当重任,喜欢与愿意聆听自己想法的成人交谈。

情绪情感上

- 选择让他们觉得更有信心,而不是规则。
- 很在意别人对自己的具体的赞扬。
- 开始意识到自己的个人倾向以及行为方式。
- 需要别人的帮助来应对极端的情绪。
- 寻求刺激的情感经历。
- 容易迷恋自我伤害、酗酒、色情信息等。

> 距离高中毕业,大约还有 156 周……

16~17 岁：
标新立异、理想化、不切实际

"我如何才能变得重要？"阶段

青少年生活的焦点：卓尔不同

在这一阶段，青少年更加敏锐地意识到自己的长处和短处，以及自己和同伴有什么不同。他们常常对更为宏大的社会事业感兴趣，并且渴望为之做出贡献。

成人的作用：帮助孩子培养才能

这是充满压力的一年，孩子的自由和责任有时会相互冲突。父母需要帮助他们发现机会来测试他们的兴趣，拓展他们的能力，并更好地识别他们的独特之处。

关键的行动

- 识别孩子独特的才能和性格特征，把孩子的潜能激发出来。
- 让其他成人也参与进来。邀请一些值得信任的成人来帮助你发现孩子独特的才能和性格特征。
- 发现孩子有消极行为时，告诉他们："你现在的所作所为可不像你自己。"通过指出孩子的行为违背了他们自己的价值观，来劝阻他们的消极行为。
- 不要扼杀他们的梦想，即使孩子的想法看起来不现实，家长也要明白，他们是在追寻自己的梦想。
- 父母的职责已经变了，明白你的角色已经从空中交通管制员变成了教练。

在这个年龄……

> 他们像哲学家一样思考。
> 因此，多问孩子问题。
>
> 追寻自由是他们的行为动机，
> 因此，尽可能让他们自己选择。

研究表明，他们正在经历下面这些变化……

生理上

- 晚上 11 点前很难入睡（这是生理原因）。
- 每天需要 9 个小时的睡眠时间和 1 个小时的活动时间。
- 女孩很可能已经达到了成人的身高和身体发育程度。
- 男孩可能会继续长高，肌肉块继续发育，体毛以及胡须会继续生长。

心理上

- 能敏锐地洞察一些复杂的问题。
- 喜欢冒险和耸人听闻的经历。

- 有投机心理和理想化的倾向。
- 很难做长远打算。
- 智力不断发展，能理解似是而非的、夸张的、含沙射影的、讽刺的说话方式。

人际关系上

- 对恋爱关系可能会变得更加"投入"。
- 对性越来越感兴趣（据报告，美国 54% 的人有了性行为）。
- 关心控制、责任、自由之类的问题（不管是个人方面的，还是全球性的）。
- 倾向于以自我为中心，整天忙忙碌碌见不到人。

情绪情感上

- 把幽默看作积极沟通的一面。
- 对"我是谁"这个问题不再像以前那么纠结，可能变得比前几个阶段更加诚实。
- 常常高估自己的能力。
- 可能很难调整控制自己的情绪。

距离高中毕业，大约还有 104 周……

17~18 岁：
关注未来、积极主动、对未来有畏惧心理

"我将来做什么？"阶段

青少年生活的焦点：毕业

在这一时期，青少年已经开始厌倦高中生活，他们一般会表现出对学校相关活动不感兴趣。他们转而对高中之后的生活充满了好奇。不过，就在期盼将来的同时，他们也很焦虑，不知道自己的将来会是什么样子。

成人的作用：关注他们的选择

对于这个年龄的青少年来说，没有什么比"你能做任何事"更令他们欢欣鼓舞的，没有什么比"你没有选择"更令人沮丧的，这个年龄的青少年大多介于两者之间。因此，家长需要帮助孩子做出积极、实际的选择，为将来做好准备。

关键的行动

- 让孩子平静下来，告诉他们没必要现在就弄明白整个人生。
- 关注孩子的"蹒跚学步"。帮助他们确定最初要走哪几步。
- 与孩子讨论事业方面的兴趣。帮助他们调查、测试这些兴趣。

- 不要急于帮助孩子摆脱困境。让他们自己学会如何应对困境，如何改正所犯的错误，这能让他们为将来做好准备。
- 孩子即将享有前所未有的自由，因此，找个合适的时机，移交那份自由，让他们学会自己做主。不过，在他们自己处理很吃力的方面，继续给他们提建议。

在这个年龄……

> 他们像哲学家一样思考。
> 因此多问孩子问题。
>
> 追寻自由是他们的行为动机，
> 因此，尽可能让他们自己选择。

研究表明，他们正在经历下面这些变化……

生理上

- 智齿可能开始长出（17~21岁）。
- 晚上11点前很难入睡（这是生理原因）。
- 每天需要9个小时的睡眠时间和1个小时的活动时间。
- 女孩很有可能已经达到了成人的身高和身体发育程度。
- 男孩身高会继续增加，肌肉继续发育，体毛以及胡须会继续生长。

心理上

- 可能会过于浪漫化或者危言耸听，把情形看得过分严重。
- 对时事以及社会问题很敏感。

- 能够解决情形复杂、步骤繁多的难题。

人际关系上

- 对性越来越感兴趣（据报告，美国 64% 的人有了性行为）。
- 很少有空待在家里。
- 在个人决定方面，想要自己做主。
- 能尊重别人的意见并且能够妥协。
- 和成人待在一起时，感觉更自在了。

情绪情感上

- 情绪上变得更稳定，但是仍然需要父母的支持和照顾。
- 通常在某一个特别感兴趣的领域做得很好。
- 看重对自己坦诚。
- 个人兴趣方面，常常有创造性的想法。

距离高中毕业，大约还有 52 周……

第三部分

应对青春期常见的挑战

part three

这一部分内容直面现实问题，
旨在帮助你应对与孩子相处时面临的常见挑战。

我建议你把这部分内容当作一本食谱，
你可以直接翻到你需要的那一部分，阅读详细的指导。
当然，你要弄清楚的不是怎么做能获大奖的酥皮蓝莓点心，
而是要弄清楚当孩子有四门功课考试不及格或者
醉醺醺地回到家时，你该怎么做。

人际关系以及交流沟通
方面的挑战

画面渐显：室外——傍晚，一所位于郊区的普通房子。

画面溶至：室内——厨房。

米格尔，一个 16 岁的青少年，正坐在厨房里的岛式操作台前。他塞着耳机，边听音乐边写作业。他显得有点儿心不在焉，一会儿转转铅笔，一会儿往嘴里塞点儿细面包条。

画面溶至：通向厨房的走廊。

安琪，一个拉美裔美国妈妈，走进厨房。她微笑着，看上去很开心。

安琪：嘿，亲爱的！

米格尔：(取出耳机，眼神中有点困惑) 嘿，妈妈。

安琪：到时间了。

米格尔：什么时间？我忘了……？

安琪：我刚刚收到一封唠叨俱乐部的提醒邮件。

米格尔：唠叨俱乐部？

安琪：是的，它叫唠叨阿斯特。无论如何，到了我该唠叨你的时候了。

米格尔：哦，用不着……

安琪：用得着。对了，它在这里。(边说边取出一个单子，开始毫无感情地读起来，有点儿像是在读一个电话本，好像只是为了完成任务似的读着这个清单）已经说了50遍了，你能扔了那些垃圾吗？为什么你总是在打电子游戏？你做完所有的作业了吗？看在上帝的份上，收拾一下你的房间，它闻起来就像发霉的储藏室。不要那样大声和我说话。为了生你我肚子上挨了一刀，可是，你现在说的话比那一刀更伤人。

米格尔：哇噢。

安琪：知道了吧，要不是我提醒你这些生活中最重要的事情，恐怕你就会把它们忘得一干二净。

米格尔：我觉得不会。

安琪：不，会的。如果我不唠叨你，你最终会流落街头的。

米格尔：不可能。

安琪：（有点儿急，想发火）从统计数据上来看，他们说这些事经常发生。

米格尔：等等，"他们"是谁？

安琪：我得对你的选择施加影响，而唠叨是实现这个目标唯一的方法。

米格尔：我觉得这不管用。

安琪：也许你说得对。我还得情绪激动一些，我得大喊大叫，这样你就知道我不是在跟你开玩笑了。

米格尔：呃……

安琪：（带着情绪，非常大声地读起了那份清单）看在上帝的份上，收拾一下你的房间——它闻起来就像发霉的储藏室。

米格尔：（打断她）妈妈，妈妈，妈妈，这不管用。我不理你了。

安琪：不。不行。你不能因为我唠叨得多了，就不理我。

米格尔：你是说数量多，还是说分贝大？

安琪：有什么区别吗？

米格尔：再说一遍，我觉得那不管用。

安琪：好吧，看来你和你爸爸不一样。

米格尔：妈妈，我们不妨谈一下我们都想做的事，并且保证——

安琪：不。我只想唠叨唠叨。我妈妈是这么做的，因此，我也打算这么做。

米格尔：好吧。那么你唠叨的时候，介意我对你翻白眼不理你吗？

安琪：当然介意。现在赶快去刷牙，并且，向我保证你不会未婚先孕。

米格尔：嗯。

画面溶至：房间走廊

旁白：厌烦了唠叨吗？如果青少年没有按照你希望的那样发展怎么办？这部分内容将教你当青少年不听话的时候如何保持冷静，如何不用唠叨就能让他们听话。同时也会教给你一些易懂、易操作的方法，让青少年尊重你、亲近你、心甘情愿受你影响。接着读下去，别像安琪一样。

1. 让孩子懂得承担责任、学会道歉

挑战

伟大的英国诗人亚历山大·蒲柏有句名言"凡人难免犯错"。但是，很多人不知道这句名言的后半句，那就是"宽恕方显神性"。学会如何请求对方宽恕，对于保持健康的关系至关重要。当青少年把事情搞砸的时候——他们肯定会有把事情搞砸的时候（我的意思是，你当年不也是这样吗？）——他们需要从关心他们的成人那里获得帮助。无论是孩子得罪了朋友，触怒了权威人士，还是从你的钱包里悄悄拿了钱，你都可以把握住机会，把一个标示着羞耻、不安、尴尬的情形，变成一个能帮助他们更充分地培养同情心、走向成熟的练习。

你的目标

培养一个能为自己的行为承担责任的青少年，培养一个敢于诚恳地承认错误、愿意真心悔改的青少年。

会发生什么

"我没错。"

你的孩子可能很固执，拒不承认自己错了①。这往往是因为他们害怕，没有安全感。孩子的自尊心本来就脆弱，道歉会让他们觉得是在承认自己的不足——让他们对道歉更容易采取拒绝的态度。

你不妨试试下面的两种说法。

- "我想，你可能需要深刻反省一下。我觉得你做的事情好像伤害了你在意的人。你觉得我说的对不对？"
- "我的切身体会是，道歉比不道歉需要更大的勇气和力量。你觉得呢？"

"好吧，要是他们没有 _____ 我肯定不会 _____。"

通常情况下，双方都有错。不过，麻烦的是，青少年只关注自己如何委屈，而且会竭尽全力为自己的行为辩解。你得小心地拆除这颗炸弹的引信，方法之一就是要区分原因和借口。原因是用来说明青少年为什么会那样做的一个因素。了解这一点非常有用，但是要让孩子明白，原因绝不是借口或者辩解，而且从来没有人强迫他们去做某事。②任何人都没有那样的权力，因为，我们每个人只对自己的行为、言语、思想和情感负责。

以下这些问题能帮你抓住这个区别的核心：

---

① 这不只是青少年才会有的问题。我曾经有一个朋友，他道歉时是这样说的："这不是我做过的最正确的事。"不过结婚后，他变得非常善于道歉了。
② 麦克·布雷美妙的嗓音除外。不管是男人、女人，还是孩子，没有人能抵挡得住这个现代低吟歌手在他们心中激起的情感巨浪。

- "我想听听你的想法,到底发生了什么?"
- "当时你有什么感觉?你认为是什么原因让你那么做?"
- "好吧,我听懂你说的原因了。这些原因可能让你很苦恼,但是你不觉得,这些原因是你给自己找的借口吗?"

"我真的不知道做错了什么。"

青少年很可能不知道自己错在哪里,这一点儿也不奇怪。众所周知,青少年常常不了解社会情况,经常误解人际关系。所以,有时候可能整件事完全就是一个误会。

如果青少年和别人发生冲突了,你可以教给他们两句特别有用的话,来帮助他们和对方和解:

- "我觉得我们之间关系有点儿紧张,我琢磨这件事情很长时间了。是不是我做了什么让你不高兴的事?我做错了什么事吗?"
- "和你吵架我非常抱歉。我真的很抱歉。我真的很看重你这个朋友。如果我做了什么事让你很生气,请你告诉我,以便我能向你道歉。"

怎么办

1. 教孩子学会体谅他人。训练青少年真正地、设身处地为他人着想。道歉是"承认自己造成的过错或失败并为此表达遗憾"的一种方式。道歉的意义在于:承认你做错了一些事,给他人造成了伤害,并且破坏了你们之间的关系。为了有效地表达歉意,青少年必须学会考虑他人的感受。

问青少年以下几个问题:

- 到底发生了什么？
- 你觉得对方为什么会生气？
- 你认为他们有理由生气吗？
- 如果换成是你，你会有什么感觉？

2. **鼓励孩子自我评估**。训练青少年评估他们自己的行为。大部分青少年喜欢议论他人的过失，念念不忘别人如何亏待自己。他们很少进行自我评估，不能客观地评价自己做的事情。父母的任务就是使孩子放松下来，问孩子一些能使他们评价自己行为的问题。这样的话，他们就会意识到自己错了。

为了帮助青少年自我反思，问问他们下面这些问题：

- 现在事情已经过去了，你也不再冲动了，回头看看，你还希望那样说或者那样做吗？
- 你觉得，你当时做得对吗？或者，你原本可以做得更好吗？
- 如果有人用你对待那个人的方式去对待你，你会怎么做？

3. **促进孩子走向成熟（让他们迈出第一步）**。训练青少年以成熟的方式做事。许多青少年觉得，主动道歉等于是在承认整件事都是自己的错。你需要让他们明白，这不是真的。即使孩子只有5%的错，对方有95%的错，你也需要让孩子明白成熟的人会为那5%的错承担100%的责任，父母要鼓励青少年迈出第一步——主动道歉。

帮助青少年明白，我们之所以道歉，其中很重要的原因是为了表明我们非常重视对方，珍惜我们和对方的关系。向青少年说明：迈出第一步需要勇气，意味着成熟。

4. **帮助孩子学会补救**。青少年做的事情很可能会产生不良后果。你得帮助孩子采取必要的行动，把错误纠正过来，帮助他一起想想如何补救。

提醒孩子这些情况或许还可以补救：

- 花钱：如果青少年不小心把朋友的手机掉进了河里，那么他就得攒钱给朋友买个新手机。
- 花时间：如果青少年忘了做自己答应过的事，那么他们就得停下自己正在做的事情，立刻兑现那个承诺。
- 牺牲自我：如果青少年因为说错话而伤害了他人，那么他就得站起来，当着大家的面向对方道歉。

5. 劝说孩子要顺其自然，不要期望他人一定会接受自己的道歉。 每次道歉之后，我们确实希望对方能够看到我们的诚意，希望对方明白我们改变的决心，希望对方回应"我接受你的道歉，我原谅你了"。但是，事情也可能不是这样发展的，对方可能不接受你的道歉，或者需要过段时间才能接受，对方可能会说："没门儿！我不会原谅你！我永远也不会原谅你的所作所为。"

往往，接受道歉比表示歉意更难。问青少年下面的问题，引导他们思考万一对方不接受自己的道歉，该怎么办：

- 在你表示歉意之后，你希望对方如何反应？最好的情况是什么？
- 你认为对方的反应有没有可能跟你想的不一样啊？对方可能会怎么做？
- 如果对方不接受道歉，你将会怎么做？你会怎么说呢？

提醒青少年道歉是他们的责任，但是，是否接受道歉是对方的事。青少年需要懂得，他们只能控制自己的行为。他们已经勇敢、真诚、谦逊地做了自己需要做的事情。如果对方拒绝接受道歉，继续生气，心存怨恨，那不是他们的错，那是对方的错。告诉孩子，有时候，他们或许只能说：

你这样想我很难过。我希望有一天你能原谅我。我确实很在乎你。

有效地表达歉意的步骤

把道歉的话写出来，有这么几个好处。首先，它能确保你不会因为紧张而结巴或者忘掉一些重要的细节。其次，它能让你有时间仔细考虑自己做了什么，能迫使你选择合适的语言来表达歉意。

一封真诚有效的道歉信包括以下几个部分。

第一部分：一开始清楚地表明你道歉的意图，这能消除对方的敌意，进而创造一个相对宽松的氛围。
"亲爱的奥利维亚：

我想向你道歉。我把这份歉意写下来是为了确保我能把自己的意思表达清楚。"

第二部分：尽可能明确地描述冒犯对方的那个时刻。
"那天，你和朋友看校队篮球比赛时，我问你要不要一块儿去小吃城，我当时根本没有意识到，如果我主动提出给你买什么东西的话，你的朋友会认为我想和你约会，或者你的朋友会认为我'喜欢'你。

另外，我还得向你道歉，因为看到了你的反应之后，我不知道自己该做什么。我知道我需要向你道歉，但当时我没有勇气，而且不知道该说什么。我本应该马上走开，给你空间，而不是在你和你的朋友附近闲荡。其实，我当时只是想跟你道个歉，弥补错误，但是我现在意识到实际上我把事情弄得更糟糕了。"

第三部分：让对方知道，你试图从他的角度看问题。让对方看出你知道你的行为或言语对他人的影响（即使你不是故意的）。
"从你的角度来考虑这件事，我能想象，你在朋友面前觉得非常尴尬。尽管我没有预料到会是那样，而且我不知道你的朋友会以那样的方式来看待事情。我现在明白了，我的所作所为让你很尴尬。"

第四部分：使用"因为"这个词，别用"如果"。比方说，"我非常抱歉，因为我伤害了你的感情"比"如果我伤害了你的感情，我非常抱歉"要好。伤害不存在"如果"，它已经发生了，使用"因为"这个词能表明你在承担责任。

"我非常抱歉，因为我的所作所为让你很难堪，让你感到很尴尬。"

第五部分：这是道歉信最重要的部分。概述一个明确的改变计划，这能向对方表明你非常认真地对待这件事。没有人喜欢那种不断地犯同样错误的人。

"为了确保类似情况不会再次发生：

我会尊重你的隐私，当你和朋友在一起的时候，我不会独自靠近你。

除非你的哥哥和我在一起，否则我不会邀请你做什么事。那样的话，我会让你的哥哥来问你，是否愿意加入我们，和我们一起去。"

第六部分：请求对方保持耐心。当你告诉某人你准备尝试改变时，确保说些有这样效果的话："不过，我可能偶尔还会犯错，因此，请一定要对我有些耐心，因为，我确实想改。"大部分人会非常耐心，因为他们知道你在尝试改变自己。他们不要求你完美，只希望你有所改进。

"不过，如果今后我做了什么事让你很难堪，请对我有些耐心，并且直接告诉我，因为我确实想成为你的好朋友。"

第七部分：肯定对方以及你们之间关系的重要性。

"非常感谢你能听我说这些，我确实希望你能够原谅我。你是我最好朋友的妹妹，而且，我觉得你是一个很棒的人。"

如何精心撰写一封有效的道歉信

我们已经分析了道歉信所有必要的组成部分。下面是一个很好用的模板,你可以让孩子按照这个模板撰写他们自己的道歉信。

1.简单地描写你做了什么不对的事情、说了什么伤感情的话。

提示:究竟发生了什么?我做错了什么?

2.说明你做的事伤害了对方。设身处地为对方想一想,你可以列一个清单,来帮助自己想清楚你的行为会给对方什么感觉。如果对方对你做了同样的事,你会有什么感觉。

提示:我的所作所为是如何伤害到对方的?

3.说明你打算做什么,如何改变。如果你爱一个人,却做了伤害对方的事情,那么,爱意味着停止做那件事——立即停止(尽你所能)。弄清楚下一步该做什么,然后告诉对方。

提示:我需要做什么,才能把事情纠正过来。

2. 当孩子辜负了你的信任时，你该怎么办

挑战

相信你和大多数父母一样，有自己管教孩子的规矩。而且，你可能花费了很多时间和孩子谈论这些规矩，因为你希望这些规矩能帮助他们变成某种类型的人。如果青少年出于无知，或者因为意外或不注意违反了这些规矩，那另当别论。可是，如果青少年是故意的，而且也知道自己的所作所为违反了你花费了心血订立的规矩呢？这会把你逼疯的。[1] 而且，这也会让你们之间的关系变得很紧张。但是如果失败对于每个人来说是不可避免的，那么让孩子早点儿经历失败，多体验几次失败——给他们一个在安全的、能获得支持的环境下从失败中吸取经验教训——是帮助他们成长最好的方法。下面我们来看看，如何做到这一点。

你的目标

趁孩子犯愚蠢错误的时候，与他们坦诚地交流，引导他们培养自我管理能力，给他们提供一个清晰的计划来重建信任。

---

[1] 类似的情形总是会让我想起我那慈爱的、天使般善良的祖母，她说（这是她的原话）："想要制服那个孩子没有错，那样做却是重罪。"说得多明智啊，哲人的话呀！

会发生什么

有些时候，青少年会辜负你的信任，你早晚会碰到这种事。

青少年，顾名思义，他们不是成人。他们会犯错误；他们会考虑不周；他们会做错误的决定。想想你自己的青春期，你曾经做过什么欠考虑、非常愚蠢或者完全错误的事吗？做过一些现在看来让你汗颜的事吗？你肯定做过。因此，对这样的情况要有准备。

当青少年犯错时，你应该也能料到他们会错上加错——对你撒谎。通常，青少年撒谎有如下两个原因：

自我保护。他们害怕惹上麻烦，因此会把证据藏起来，省略关键细节或者直接抵赖。这不是因为他们喜欢撒谎，不懂得是非曲直。这是因为他们害怕。

因为他们在乎你。青少年本能地知道他们的所作所为会让你失望，因此，他们会撒谎，试图对你隐瞒这件事。因为没有什么比从我们爱的人的眼睛里看到失望更糟糕的了。你要尝试着分析孩子行为后面的动机。

青少年可能会死不承认，对他们来说你如何看待他们事关重大。[1] 不管孩子是否表现出来，很可能他们很害怕。他们不傻，他们知道辜负了你的信任。他们正在寻找方法来重新获得你的信任，恢复你们之间的关系。不过，他们需要一个明确的计划。诚然，什么时候能再次信任某人是一件非常主观的事。可是为了获得信任需要采取的步骤往往非常具体简单。因此，让青少年明确下面的步骤。

---

[1] 如果你怀疑这一点，请参见第一章"第一种思维模式：青少年比看起来更需要你"。

怎么办

1. **改变你的看法：也许这是件好事呢？** 我们知道当青少年犯错了，你会很生气。可能他们做的事情愚蠢至极，或者，可能他们的所作所为违背了你在过去 15 年间一直试图教给他们的价值观。所以，一想到这些你就生气，觉得自己成了绿巨人浩克。

可是，也许情况跟你想的完全不一样呢？也许这是一个窥视青少年内心世界的绝好机会呢？也许你能换个方式最大限度地利用这次崩溃，在你和孩子之间进行一次真诚的对话呢？是发现了青少年在聚会上喝酒吗？可能他正在努力辨别谁才是真正的朋友，哪些才是肺腑之言（可能他知道）。是他们因为一些琐事对你大发脾气吗？很可能还发生了一些他们不愿谈论的事。是他们在网上发了一张自己穿着内衣的照片吗？那很可能是因为他们缺乏安全感，而试图获得（当然是错误的！）注意。

2. **努力平息你自己的怒气、失望和恐惧**。当青少年做了一些不成熟、危险、愚蠢的事情时，你会发怒。可是发怒通常只是感情这座冰山的一角，痛苦、失望、排斥、害怕、耻辱都藏在下面。你有什么感觉呢？你为什么会有这种感觉？

这里的目标是让自己平静下来，如何才能做到这一点则取决于当时的情形，或许你需要从孩子的身边离开几分钟。临走时可以说下面这句很好用的台词："我知道你说的事情了，我也领会你的意思了。不过，我需要几分钟来好好考虑一下。"

你需要考虑的问题：

- 坦诚地说，这件事让我很生气，因为_____。
- 我很害怕，因为这件事意味着_____。
- 我最担心_____。

3. 孩子以为自己肯定会挨批。这时，向他们展示你脆弱的一面会取得意想不到的效果。青少年认为你最想做的事就是惩罚他们，把他们关在家里，三十岁之前不许出门。可能你有时也会那样想——即使那意味着他们二十几岁时还得和你在一起生活。

孩子的行为可能会有非常严重的后果。但是，也许所有这些都是次要的呢？孩子知道你会找他们谈话。不过，如果你用尽自己最大的努力诚恳地和他谈论发生的事情、你的恐惧、你的忧虑，又会是什么结局呢？如果你开诚布公地指出激怒你的原因，那么青少年就能够看到事件背后隐藏的东西，能够意识到你不是因为他违反了"你的规矩"而发疯，而是因为你真正地为他的幸福担忧。

下面的句子可以作为参考来帮助你打开局面。

- 我担心，如果 _____，____ 可能会发生。
- 我担心 _____。
- 最使我害怕的是 _____。

记住：如果你展示自己脆弱的一面，孩子也会向你展示他们内心脆弱的一面。

4. 问问孩子："你认为接下来会发生什么呢？我们[①]如何才能弥补这件事呢？" 让青少年参与讨论善后事宜是一个很好的方法。绝大多数的成人说孩子想出来的惩罚方式比他们自己想的要苛刻得多。

确保青少年想出的惩罚方式要切实可行，而不是一个不合理的推论。这需要帮助青少年在行为、信任的损害、后果三者之间建立一个脉络清楚的连接，而不仅仅是自责。

不合理的推论：我未经允许偷偷用了你的汽车，因此整个五月，我会用我的牙刷来清理家里所有的卫生间。

[①] 首先，注意"我们"这个词。这是特意这么说的。使用"你"这个词，从意义上来说更准确，但是它会把青少年置于对立的位置上。

切实可行的惩罚措施：如果青少年未经允许偷偷用了你的汽车，合理的惩罚是在未来一个月或两个月之内，在没有你陪同的情况下他不能开车到任何地方，或者在一定的时期之内不能借用汽车。

5. **教给孩子通过多交流来加速获取你的信任**。教给青少年，如果他们想重新获得你的信任，他们需要和你多交流。要求他们主动向你询问他们该做的日常事务，要求他们完成安排的任务后及时和你沟通，要求他们主动告诉你他们要去哪里、什么时候到达的目的地、正在做什么、接下来打算做什么、什么时候回家等。向青少年解释，多交流是在告诉他们生命中最重要的人，"我想让你重新信任我。"

6. **问孩子这个问题："从这件事我们学到了什么？"** 父母主要的作用之一就是发展与孩子之间的关系，帮助他们培养健康的、富有成效的自我管理能力。实现这个目标的一个关键方法就是引导孩子自我反省。

尝试着问青少年下面的问题：

- 对你来说，整个事件中什么最困难？
- 我怎么才能知道什么时候你更诚实、更可靠呢？
- 通过这一件事，你对自己有了什么了解？
- 如果时间可以倒流，你有机会重新做这件事，你会改变什么？
- 你还有什么事情瞒着我吗？

3. 建立明确、成文的家规

挑战

他,又一次,打破了宵禁令。现在,已经是晚上 11 点 48 分,已经是痛苦的一天该结束的时候了,而你正气得冒烟。

"谁有时间管这个?"你问自己。

"我才不管。"你自问自答,因为你喜欢这样。

"不过,我担心得要命。"你(对自己)说。

"万一他掉到沟里去了,怎么办?"你继续喃喃自语,语气听起来有点儿像你的妈妈。

你现在简直就是一座即将喷发的维苏威火山。你想象着孩子迈进家门的那一刻,你的愤怒就会爆发出来。你打算收回汽车钥匙,取消给他买手机的计划,六个月不准他外出,甚至当时就想更改无线网络的密码。

晚上 11 点 52 分,他拖着脚走进来。你(可以理解地)朝他大喊大叫,威胁他。他不满地嘟哝了一句辩解的借口,而后,头也不回地朝自己的房间走去。你万分沮丧,精疲力竭,所以也去睡了。可是第二天早上醒来,你发现自己太累了,根本没有精神去兑现前一天晚上那些曾经在脑子里设想的惩罚措施。

听起来很熟悉吧?

每一位父母肯定明白一件事,那就是,青少年会犯错误。可是话说回来,父母也会犯错误。有时我们让自己的情绪占了上风,于是在气头上我们会大发雷霆,把事情做过了头。有时我们非常难受,厌倦了"给青少年做父母"的工作,以至于我们会感到绝望,不能坚持到底。

这一切我都明白,我自己当然有过因为过度发火而深感内疚的经历。因此,不管是因为孩子考试不合格(体育课?怎么可能?!)让你火冒三丈,还是因为他们用车后把里面弄得乌烟瘴气让你忍无可忍,你都需要一个新的方法来对付这些令人沮丧的——可是完全在预料之中的——矛盾斗争。

注意!一个简单的策略就能从根本上改变你们之间的关系,改变你的家庭现状并且还能让你保持头脑清醒:家规①。

是不是听起来令人生畏或者有点儿教条主义的味道?不要害怕。创立家规只是拼凑一个文件,详细说明家庭的价值观以及你对孩子的期待。如果青少年想拥有特权——韦氏大词典把这个词定义为"特殊的权力和优势"——比如晚点儿回家、使用家里的车辆或者手机的权利,他们就得遵守家规。

家规非常有效,因为有了家规,你就能排除压力和情绪的干扰,理智地执行惩罚措施。因为青少年提前同意了这些条款,所以他们知道,如果他们犯了错②,他们只能怪自己。

如果你正在与青少年进行着令人沮丧的权力之争,如果你已经厌倦了大喊大叫,如果你讨厌无力的说教,你应该尝试一下家规。下面我就教你如何开始。

你的目标

订立并遵守精心设计的、界定明确的家规。之后,不管你是否在场,家规都能帮助青少年做出明智的决定。

---

① 什么?一个策略就能实现所有这些?这是哪种巫术?
② "如果"他们犯错了?!在跟谁开玩笑啊。"什么时候"犯错还差不多。

会发生什么

要在心平气和而不是争吵的时候订立家规

大吵大闹五分钟之后，不是坐下来平静地、理性地讨论希望、梦想、规矩、后果的时候。如果想要时刻保持冷静，那么你和青少年都需要有个冷静的头脑来开始。

如果你和青少年坐下来讨论家规，失败了，不必惊慌。相反，说些类似这样的话，让他们选择："看来，这似乎是我们做这件事的最佳时机。所以，我们有两个选择：要么我们今天克服困难把它弄完，要么推迟到明天。我把这个选择权交给你，但是这件事我们迟早要做。你更喜欢哪一个选择？"

家规必须写在一起

家规的妙处在于，它是在双方对常见的做事方式达成一致意见的基础上发挥作用的。这里的关键是"达成一致意见"。这应该是你和青少年之间一次很有成效的谈话。

你得故意促成此事

信不信由你，时间常常是订立家规的最大障碍。又是上学、又是体育运动、又是社交活动，青少年可能比你还忙。对他来说，坐下来参加家庭会议听起来就像铲狗屎一样，毫无吸引力。

所以，尽量让这个会议有趣些。你们可以在自己最喜欢的餐馆里推敲研究家规，或者把它夹在两件有趣的事中间（比方说吃冰激凌和购物之间）。但是不管你怎么做，一定要把它列入日程安排，并且确保没得商量。这是重要的事情。

你是不是担心青少年可能会反对开家庭会议呢？说实话，他可能会。为了打消孩子的压力，你可以尝试着说些类似这样的话：

"听着，我知道你不想让我一直唠叨你，而且我也不想那么做。我有一个主意，能帮助你做更多你想做的事，同时还能确保你完成自己必须做的事。让我们坐下来，推敲研究一些对你来说很重要、很有趣的事吧。然后，我会告诉你怎么才能做到这些事情。相信在此之后，我们都能更好地理解对彼此的期待了。"

怎么办

1.仔细读一读下面的家规模板。我已经拟定了一个大体的框架帮你开个头。当然，这关系到你的家庭和你的孩子——因此按你们的需要修改这个家规模板，把它变成你自己的家规。

2.问问孩子想要什么特权，仔细地听并且认真和他们协商。制定家规前，首先要问问青少年想把什么特权纳入家规。先仔细听，不要做任何反应——即使你认为孩子的要求很荒谬。记住，青少年一天天走向成熟，你得让他拥有特权和自由，因为这样能帮助他变得独立自主，能增强他的自我管理能力。

一旦青少年和你分享了他的要求，就到了协商的时候了。青少年可能想要每天凌晨三点后再回家，但是，那并不意味着你必须把这个要求写进合约。制定家规需要协商解决，但是在不能协商的事情上，你要保持坚定的立场。毕竟，你是父母。

3.拟定规矩和惩罚措施。现在轮到你了，花几分钟时间，仔细读读你为青少年制定的规矩，以及如果不遵守规矩他们将失去的特权。确保惩罚和过错相当。记住，这是一张路线图，它会明确地告诉青少年，为了赢得想要的特权和自由，他们需要做什么。

4.把家规成文并且让所有相关的人都在上面签名。写出家规并且全家一起签署。对于街头巷尾买卖旧货的场合来说，有个口头合约就可以了。但是，对于像家规这么重要的事来说，一定要清楚完整地写出来。如果将来有疑问或不同意见时，你只需要拿出白纸黑字的家规，根本用不着为了你觉得自己说了什么或者孩子觉得你的话意味着什么而争论。签署家规意味着每个参与者都同意这些条款。

注意：如果你和前夫或者前妻共同监护孩子，你得设法和对方商定一套规矩、特权、惩罚措施。不管青少年在哪个家里都要遵守这套家规。这种一致性对包括青少年在内的有关各方都有好处。

5. **坚决执行**。家规最关键的部分是坚决执行。幸运的是，提前写好、订好的成文家规，执行起来会容易很多。如果青少年违反了家规，白纸黑字就在那里，它会明明白白地告诉你该怎么做。跟孩子经常提提家规，这样到了执行惩罚措施的时候，只需要简单地提醒（并且把家规拿给他看）他同意了什么，以及为什么他将失去一项特权。你也可以提醒他，为了赢回那项特权他需要做什么。这么做真正的好处在于，你不用再当那个"坏蛋"了。

作为成人，你必须遵守规矩，就像你期待青少年遵守规矩一样。不能仅仅因为你很生气就增加额外的惩罚，这不公平——用订好的家规来说话，同时，仁慈而坚定地提醒青少年这是我们一致达成的条款。

警告：有时候青少年会对你不满意。当孩子违反了约定要失去特权的时候，即使你是在确切地执行家规，青少年仍然会不高兴。你要预料到孩子可能会反抗，不过，你只需记住，不管他如何生气，理智会告诉他你是对的。

家规模板

下面是一个家规的模板，在此基础上你可以发展你的家规。尽可以按照你的需要随意来编辑这些规矩，把它们变成属于你自己的东西，这样它们才能为你和孩子效力。

特权

汽车或其他交通工具

我有权使用家里的汽车,可以开车去朋友家、学校或者其他我需要去或者想要去的地方,我也可以让父母开车带我去(只要他们不忙而且不播放令人尴尬的音乐)。

现金

我的零用钱是每周 _____ 元,用于各种花销。如果我想得到更多的钱,我可以请求父母让我在家里多干点儿活,或者去找一份合适的兼职工作。

宵禁

周末我会在 ____ 点之前回家,平时我会在 _____ 点之前回家。

电子设备:电脑、平板、手机、无线网络

我的父母有着无比开阔的心胸,允许我酌情使用电脑、平板、手机、无线网络。我知道这是一项特殊待遇,而不是一项受法律保护的不可剥夺的权力。

其他的特权(和孩子协商)

_____

_____

_____

规矩

订立家规的目的

有时父母的做法可能会使我难堪,不过,我知道在这个世界上他们最爱我。我懂得父母订立这些规矩不是为了惩罚我,相反,父母订立这些行为准则是因为他们非常关心我,想用这些准则来帮助我变成一个令人尊重的成人。

签名:＿＿＿＿＿＿＿

相互尊重

我承诺尊重我的家人,不对他们大喊大叫、不咒骂他们、不对他们说任何我不想在视频网站上被疯狂传播的话。即便在我们都很恼火,被对方气得发疯或者激烈地争论时,我们也要极力克制,而不能互相伤害。

签名:＿＿＿＿＿＿＿

晚上准时回家

由于父母不想在沟渠里发现我,或者得知我被外星人绑架了,周末我将在＿＿＿＿＿＿＿点之前,平时在＿＿＿＿＿＿＿点之前回家(迈进家门!)。我会提前考虑可能会使我迟到的各种情况。如果发生了什么合理的可是却不可预测的事情,我会及时地告诉父母。

签名:＿＿＿＿＿＿＿

协助家人

如果父母让我帮忙,我会尽我所能。此外,我会主动帮父母做些事情——即使是不归我管的事。因为一方面我想向他们表明我非常感激他们为我做的一切，另一方面这能证明我本质上是一个忍者，能够应对任何挑战。

签名：_____

绝对诚实

我保证绝对不向父母撒谎，即使承认错误会让我感到尴尬或者害怕。虽然父母读高中时的发型看起来很可笑，可是他们不是笨蛋，他们一眼就知道我是否在撒谎。此外，我明白，如果我一旦感到不安全或者不舒服，我就立即给父母发短信____。父母会来接我，而且我想告诉他们多少，就告诉他们多少。我知道父母永远不会因为我请求帮助而责备我。

签名：_____

努力学习

因为将来我想拥有一份非常好的工作，而且，我不想一直住地下室。所以我知道父母希望我在学校的平均成绩至少保持在____分。为此，我保证努力学习，有需要的话寻求帮助，不会因为一时的成绩不理想而自暴自弃。我要努力学习，为自己的成就自豪，让父母为我骄傲。

签名：_____

使用电子设备

电子设备非常便利，能帮助我了解这个世界、联系朋友，甚至深夜订购比萨。我知道，在这些设备上的言行会直接影响我的名誉以及未来，因此我保证负责地使用科技设备。在家里，我保证_____。最后，我会有意识地培养克制能力，不让电子设备干扰我的正常生活，特别是那些重要的关系和义务。

签名：_____

不吸毒、不酗酒

因为我有自尊，所以我会对酒精和毒品说"不"，会对朋友和家人一起去做安全有趣的探险说"是"。因为毒品和酒精会毁了我和我的将来，我拒绝接触这些东西。父母不许我吸毒，不许我酗酒，他们不是试图剥夺我的快乐时光，而是不想让我惹官司，蹲监狱，最终被抛尸荒野。他们这样做是为了让我充分发挥自己的潜能，走向成功。

签名：_____

和家人好好相处

尽管父母有时会蛮不讲理，有时会令我非常尴尬，但是我知道他们爱我，想把最好的给我。我们之间的关系将延续我的一生。我承诺和家人好好相处，发现我们每个人最好的一面。

签名：_____

其他规矩（和孩子协商）

_____

_____

_____

惩罚措施

我明白如果我无视上面这些规矩中的任何一条，就会受到相应的惩罚。这不是因为我的父母心胸狭隘，而是因为他们想帮助我成为一个令人尊重的成人。

第一次违反家规

我将失去一项特权 _____ 除非我 _____。

  （时间段） （赢回特权的方式）

如果再次违反了相同的家规

我将失去两项特权 _____ 除非我 _____。

  （时间段） （赢回特权的方式）

如果第三次违反了同样的家规

我将失去所有的特权 _____ 除非我 _____。

  （时间段） （赢回特权的方式）

如果第四次违反了同样的家规或者违法了：

鉴于违规的严重性，以及可能会对我自己或者他人造成潜在的（或者迫在眉睫的）危害，为了整个家庭的利益，我们将一起向当地的心理健康专业人员寻求帮助。

  我已经仔细阅读了这份文件，并且同意上述的规矩和惩罚措施。我知道父母因为爱我而订立了这些规矩，而且我也知道如果有任何问题，我应该和他们谈谈。

  青少年签名 _____

  父母签名 _____

4. 如何改善与孩子的交流

挑战

尽管青少年不停地对父母翻白眼、叹气,似乎传递着强烈的讨厌父母的信号,可是他们却一次又一次地说,最想要的就是和父母更多地交流沟通。孩子为什么会这么做呢?下面,我教你一个简单的技巧,它能显著地改善你和青少年之间的交流沟通。这并不复杂——它只需要一个笔记本。在这个笔记本里,把想跟对方说的话用写便条和书信的方式表达出来。你可以按照我的提示来写,也可以按自己的想法来写。在这个过程中,你会发现自己(希望如此!)能问很好的问题,能诚实地应对,能深入地思考。因为某些原因,对父母和青少年来说有些事大声说出来很难,但在笔记本里写下来却容易多了。

你的目标

精心设计一个能改善你与青少年之间交流沟通的有效渠道。

会发生什么

开始的时候你们可能会觉得怪怪的。作为21世纪的成人,我们很少在纸上给彼此写信。用手握着鹅毛笔写信,这得花费点儿时间。而且，最初你可能并不清楚该写些什么。

　　这可能很难，但是作为父母你得完成这个任务。或许你可能已经养成了不跟孩子交流的习惯。我可以理解，你是个成人，而且肩负无数的责任。当你写信的时候，你的心思可能跑到其他需要你去做的两百件事上去了。可以理解，不过与孩子交流非常重要，你得做出刻意的努力。回想一下前面提到的那个基督教青年会关于青少年和父母的调查，青少年真正地、真实地想与自己的父母更亲近一些。但是，这个愿望绝对不会魔术般地自动发生。我们需要向前迈出一步，开辟一些有助于改善父母与子女之间的关系、促进彼此沟通的渠道，这样我们才能更好地完成自己的任务。

怎么办

　　1.买一个笔记本。可以是细横线的那种，也可以是没有横线的，可以是有花式封面的，也可以是一个几百页、宽横线的、简单的作文本。只要你喜欢就行。款式并不重要，重要的是里边写的东西。

　　2.给青少年写一个开篇便条，说明这个笔记本的目的及用途（你可以参考下面的便条模板）。然后，从本节末尾的清单中选择你想讨论的问题。记着，笔记本是一扇你和孩子进行交流的大门，是用来问好的问题的，而不是用来责骂、训斥青少年的，也不是用来表达对孩子的强烈不满的。它是用来互相倾诉、建立联系的。

　　3.把这个笔记本放在青少年的床上（如果床上乱成一锅粥，那就把它放在一个比较明显的地方，上面贴个纸条，写上：

　　To：_____ From：_____（妈妈/爸爸/其他看护人）。①

---

① 如果你是个超级时尚的人，贴纸上可以写：喂，读一下这个玩意儿。

为父母准备的便条模板

亲爱的 _____ :

前几天有人问我：当爸爸最美好的感受是什么？这个问题对我来说很容易。当爸爸最美好的感受是有你这样的孩子。我非常感激上苍让我成了你的爸爸，这感觉就像坐贵宾席上看精彩演出。你不只是我最喜爱的孩子，你还是我最爱的人。

我知道今后几年的高中生活或许会充满挑战。前几天我看到一些统计报告，上面说现在的青少年每天和父母谈话不到 12 分钟。我当时想了好一会儿，心里特别难受。

我也知道，维护关系需要双方共同的努力。我认识的许多父母都说他们和孩子不能很好地交流沟通。你知道，在我成长的过程中我和父母的关系还凑合。虽然算得上还可以，但是我不想我们之间也那样，我想努力做得比"还凑合"再好一些。

我也知道，有时候把话写下来比说出来容易一些。至少对我来说，容易一些。

这就是我买这个笔记本的原因。

这是我们的笔记本，用来给彼此写信。

这个笔记本该怎么用呢？我会在里面给你写便条，然后我会把笔记本放在你的枕头上。在便条的末尾我会问你一个问题，可能是我想从你那里知道的事，也可能是我觉得有趣的一些事，或者是一些我一直想知道的事。比方说，我可能会问你：

你最喜欢哪部电影？为什么？

说说对你非常重要的一首歌，为什么它对你如此重要？

你最珍贵的东西是什么？

你童年时代最美好的回忆是什么？

你现在最担忧什么？

你经历过的最难的事情是什么？

然后你可以给我回复，也可以和我分享你想分享的任何东西。在便条的末尾，你也可以问我一些问题，然后把笔记本放在我的枕头上。

我们将来来回回地这么做。我觉得这能帮助我们更好地交流。

还有，我想让你知道，我爱你。

笔记本开篇问题模板

给父母或者青少年的问题

- 如果用一个词来形容每个人的特征，你会用哪个词？为什么？
- 别人对你说过的最刻薄的话是什么？
- 如果你能成为一个非常出名的运动员、演员、作家或音乐家，你会选择成为什么？为什么？
- 如果你能隐身，你会去哪里？你会做什么？
- 如果让你把自己听过的最好听的歌曲做一个播放列表，你会选择哪些歌曲？
- 你听过的最好听的歌是哪首？为什么？
- 对于一个老板来说，最重要的品质是什么？
- 如果你能预知未来的一件事情，你最想知道什么？
- 你认为我们国家现在面临的最大问题是什么？为什么？
- 你曾经去过的最美丽的地方（从地理地貌上说）是哪儿？
- 谁是你碰到过的最糟糕的老师？他怎么让你不爽了？
- 读一下今天的头条新闻，你觉得最让你恼火或者最让你困惑的新闻是什么？

青少年问父母的问题

- 小时候你碰到的最难的事情是什么？

- 小时候最让你难忘的时刻是什么？
- 像我这么大时，你最好的朋友是谁？你们在一起做什么？为什么你们是好朋友？
- 像我这么大时，你做过什么愚蠢的事情吗？你从中学到了什么？
- 你有什么遗憾吗？你希望能在生活中重做什么事吗？
- 像我这么大时，你和你妈妈的关系怎么样？
- 像我这么大时，你和你妈妈在一起最美好的回忆是什么？
- 像我这么大时，你和你爸爸的关系怎么样？
- 像我这么大时，你和你爸爸在一起最美好的回忆是什么？
- 你觉得和你成长的时代相比，现在的青少年在哪些方面更难？
- 像我这么大时，你感到过孤独吗？感受过被人冷落吗？你当时是怎么做的？

父母问青少年的问题

- 你最喜欢哪个老师？为什么这么喜欢？
- 你喜欢自己的哪一方面？
- 你人生最早的记忆是什么？
- 现在，你觉得什么事最难？
- 现在，你最担心什么？（一定要诚实！）
- 有压力或者感到心烦的时候，你会做什么来缓解一下？
- 说说你最生气的时候，当时怎么了？现在回头想想，你觉得自己当时为什么那么生气？事情最终怎么样了？
- 说说你最害怕的时候，当时怎么了？现在回头想想，你觉得自己当时为什么那么害怕？事情最终怎么样了？
- 有人说过什么话让你特别感动吗？
- 你现在最好的朋友是谁？为什么他是你最好的朋友？

艰难而令人尴尬的谈话

画面渐显：室外——傍晚，一所位于郊区的普通房子。

画面溶至：房子的内部，萨曼莎的卧室。

萨曼莎是个15岁的女孩，此刻正坐在床上的条纹被子上，在她面前摊开着一本化学书和一本笔记。她一只手伏在实验笔记本上，另一只手摆弄着一支铅笔。她戴着耳机，正听着音乐。

画面溶至：室内——楼梯井。

安德鲁，42岁，头发花白，他是萨曼莎的爸爸。他在楼梯上停了下来，看起来有点儿不舒服，用手抓住栏杆，直不起腰来。咳嗽，叹息了几声之后，他抬起头，用手擦了擦额头上的汗。然后，他吃力地爬上了楼梯顶端的最后三级台阶，站在了女儿卧室的门外。他鼓起勇气敲了敲门。

画面溶至：萨曼莎卧室里。

安德鲁： 嗨，宝贝儿。

萨曼莎：（摘掉耳机，表情有点儿迷惑）嗨，爸爸……

安德鲁：（不安地坐在床边，跷起二郎腿，一会儿放下二郎腿，一会儿又翘起来）听着，嗯，我有点儿事，需要和你谈谈。

萨曼莎：（注意到爸爸紧张不安的情绪）爸爸，你还好吗？

安德鲁：（几乎要哭出来）不好。（发觉自己讲错了话，突然住嘴）一切都好。你知道，宝贝儿，事情正在……嗯……改变。（他像总统候选人

一样笨拙地搓着手）

萨曼莎：(变得困惑了）什么事情正在改变？

安德鲁：你知道，每个年轻女人的生命里，总有那么一个时候……当……事情……

萨曼莎：(疑惑地看着她的爸爸）

安德鲁：(改变了策略）花儿最终会绽放……

萨曼莎：嗯？

安德鲁：……但是不要太早，因为，过早绽放的话，有霜冻，会冻死的。

萨曼莎：呃……

安德鲁：性！性……这种事……你需要，知道……

萨曼莎：(她知道爸爸想说什么了）哦，我的天呐。

安德鲁：(呼吸有些沉重，好像非常痛苦）

萨曼莎：你现在就是要和我谈论性吗？

安德鲁：是的，你早该弄清楚了。

萨曼莎：这就是你说的正在发生的事，对吗？

安德鲁：(站起来，走到化妆台前）你知道，萨曼莎，当一个男人和一个女人相爱的时候，有一种特别的拥抱……

萨曼莎：我的天啊。

安德鲁：就像你妈妈和我。

萨曼莎：不，求你了，不要说了。

安德鲁：可能你有疑惑，关于……（停了一下……想强迫自己把它说出来）性交！

萨曼莎：你在用我的豆娃娃做道具吗？

安德鲁：(这时才觉察到自己心不在焉地拿起了两个豆娃娃。听到女儿的话，赶快把它们扔下了）不！

萨曼莎：我觉得这两个豆娃娃以后不能继续待在我的房间里了。

安德鲁：还有，避孕套有时会不起作用，你哥哥的事就是一个例证。

萨曼莎：（惊呆了）我……我……不需要知道这些东西。

安德鲁：（恍然大悟）我有些书！这些是从图书馆借来的。还有这个光盘。

萨曼莎：这是公共广播公司出版的。

安德鲁：对，非常有教育意义。

萨曼莎：我不敢相信，我现在的生活是这个样子。

安德鲁：啊，好吧！那么，我认为我们的谈话进行得很好。我会把这些……资源留给你。不过，最好等到你结婚之后再……

萨曼莎：好吧。

安德鲁：好吧，嗯，多好的谈话。那么，我再重述一下，性……和……嗯……性欲方面的事。我们一会儿见。我爱你。

萨曼莎：我……

安德鲁：对了，能在这张纸上签一下名吗？这样我就能够让你妈妈知道，我们确实谈过这次话了。

萨曼莎：（在那张纸上签名）赶紧走吧。

安德鲁：（自信满满的）好吧，我想我们两个都觉得这次谈话非常有效，我们永远也不需要再谈论这个话题了。永远。

萨曼莎：同意。

安德鲁：（向门口走去）好吧……嗯……再见。

（匆匆地打开门，走出去，关上了门）

画面溶至：房子里面——走廊

安德鲁：（靠着门，松了一口气）

旁白：总有一天，作为父母的你需要和青少年进行一次艰难且令人尴尬的谈话。这部分内容将帮助你掌控这些话题，这样，你就不需要像安德鲁那样做了。

安德鲁：（露出了笑容，沿着走廊迈步走去）搞定了！

1. 如何与孩子谈论性

特别感谢亚苏沙太平洋大学家庭伦理（HomeWord）青少年及家庭中心执行董事吉姆·伯恩斯博士，他就该话题的一些细节给出了咨询意见。

挑战

当被问到"你跟孩子关于性的对话有多健康，多开放？"时，父母们的回答大同小异："哦，我们谈得挺好的。这个话题我们已经谈过了。我家孩子很清楚我是什么看法。"而几乎所有青少年的回答却是："这是个禁忌话题，我们几乎从来不去碰它。"

问题的症结在于：在性的话题方面，青少年想得到并且需要成年人的引导，而成年人往往闭口不谈，通常的原因是当他们自己处于青春期时，如何处理这种事情没有人给他们做过示范。

还有一个原因——哦，天呐。

虽然性是一个让人极为尴尬的话题，但是青春期的孩子们对自己的性欲充满了困惑，所以极其渴望了解这方面的知识。如果成年人不加以引导的话，他们就会从因特网、大众文化、媒体、朋友这些不可靠的信息来源去寻求指导。

你的目标

帮助处在青春期的孩子在性欲这个让他们觉得困惑无助且充满矛盾的一片领域设定界限和呈现背景。

会发生什么

进行"这样的对话"事不宜迟。开始跟你的孩子探讨性的话题永不过早,但是理想的时间通常是10~11岁左右。这个年龄段的孩子受社会和同伴的影响较少。他们对性的了解不是很多,不会为此感到难为情,也不知道这是一个禁忌话题。但是一旦进入青春期,他们的想法就会发生变化,为自己的身体(发育)而感到尴尬的可能性会大大增加。等到他们开始读高中时,他们就已经完全融入了我们与性高度相关的文化之中,身心开始快速地发展,并且开始从家庭之外寻找(与性相关的)信息和资源。

养育儿女的过程中,人们谈论得最多却又最神秘莫测的话题之一就是关于进行那次可怕的谈话。不过这样的谈话可不是一次,而是多次。只跟孩子谈一次可不行。一次配有图表的8~14分钟的说教所包含的信息是无法让你的孩子安全度过青春期的。几乎所有的青少年都会说他们希望就性的话题能够与父母进行更多的持续性的谈话。

要明白与性相关的问题其实是关系的问题。不要将性欲和性行为与各种关系割裂开来。当青少年向成人过渡时,他们对于这个话题有着无尽的好奇心:你是怎样跟异性打交道的?健康的两性关系是什么样子的?我应该关注什么?有什么健康的两性关系的范例吗?健康的两性关系中最重要的方面有哪些?就这些问题跟孩子进行探讨。

因为家庭之外存在大量的虚假信息,所以青少年们的头脑中会有很多的困惑,却没有用来咨询这些问题的安全可靠的人或场所。性的话题很重要，你必须想办法开始跟孩子探讨这个话题。提醒你一下：你孩子的问题经常是非常具体的。这有可能会让你感到难为情。比如，在最近的一次调查中，每十个男生中就有八个说他们想讨论手淫的话题，但不要这么具体。在本节末尾有一张专供你使用的谈话准备用表，上面有青少年常问到的有关性的 16 个问题。在你与孩子开始这些对话之前，你需要准备好这些问题的答案。

怎么办

1. **以他们的问题为重心**。你现在的目标是开启并维持一次对话（而不是独白）。你很可能会说教并唱独角戏，因为这个话题实在是太让人尴尬了。你必须要抵制这种倾向，因为当成年人开始说教并且谈话变成一边倒的时候，青少年就不爱听了。孩子们是有问题要问的。要听孩子们讲，你自己也要提问题，这样才能解答他们的问题和关心的事情。

2. **用他人的例子启发智慧**。一些青少年不愿意讨论性的话题，因为这个话题涉及到了他们自己和父母之间的关系。但是他们却极为乐意讨论其他人。他们经常乐于讨论他们的朋友，而且特别热衷于讨论媒体报道中的人物。这些对他们来说不是利益攸关的，所以这种心理上的距离使得这些对象成为最安全的例子。试着问这些问题：你在学校里能看到哪些不同的关系呢？学校里有人在约会吗？你听到过人们谈论发生性关系吗？你怎么看的呢？你在电视上看到过那样的事吗？那则新闻报道怎么样呢？当时你是怎么想的呢？

3. **注意你的语气和情绪**。要记住，你坚定的观点会淹没孩子的声音。我们清楚这是一个会引发强烈情绪的话题，而且父母有权力说明他们的感受，有义务阐述他们在这个话题上最重要的观念。但是你必须（必须！）要注意自己的口吻。当你开始与孩子谈论性行为的时候，很可能你会发现他在这个重要的问题上与你的一些观点或者价值观念不同。这有可能会导致父母们带着情绪对他们加以否认。这时要注意了。你不能强迫你的孩子去相信和接受你的价值观念。如果你的口吻很严厉或者带有羞辱的味道,你将会失去对孩子的影响力,那样你只能采取其他的策略了。

4. **给他们指出一条通往美和健康的途径。**你知道当性欲被滥用的时候会对一个人产生巨大的伤害。因此,有关性的谈话有时候可能造成绝对消极的影响。但是青少年们也需要知道性欲带来的好处。可以谈论人类性欲的一些美好且重要的东西,以及因性欲而出现的好的事物。我们一生下来就与性有关,我们一生都离不了性。帮助青少年们将他们生活的这一方面纳入一个健康的环境当中是非常重要的。

5. **承认弱点,但不要过度分享。**你可能会纳闷,跟孩子分享我过去与性相关的事实,这个度该怎么把握?要确保把重点放在你孩子的身上,放在让他做出健康明智的决定的愿望上面,即使你以前没有这样尝试过。设想一下自己还是个青少年的时候,会希望别人怎样给你讲性欲以及性行为的事情呢?如果你不愿提及自己以前的性生活,不妨这样说:"在这些事情上,我想让你做出比我当初更明智的决定。"

谈话准备用表:孩子可能会问到的与性相关的 16 个问题

以下列表中是现实生活中青少年经常问到的与性有关的 16 个问题,所以它们极有可能也在你孩子的考虑之列。

步骤 1:仔细思考这些问题,在你跟孩子谈话之前要确定你对每一个问题持什么样的观点和价值观念。

1. 性行为怎样就是过分了?
2. 什么时候可以发生性关系?在什么年龄?你怎么知道呢?
3. 在父母不知情的情况下可以口服避孕药吗?

4. 已婚人士通常多久性交一次？

5. 口交可以吗？

6. 女孩怎么手淫？

7. 男孩怎么手淫？

8. 男孩到什么年龄会有第一次勃起？

9. 女孩什么时候最有可能怀孕？口服避孕药贵吗？口服避孕药危险吗？

10. 举例说明性传播疾病。人怎么会患上性传播疾病的？

11. 我害怕艾滋病，我怎样才能够远离艾滋病？

12. 如果你进行口交，那你还是处女吗？

13. 如果一个人对别人有强烈的性欲该怎么办？你会怎么办？

14. 如果一个人受了性虐待，还没有告诉任何人，那他该怎么办？

15. 婚前性行为是否不道德或者错误？

16. 堕胎是否不道德或者错误？如果你认识堕过胎的人，你会怎么看待她？

步骤2：替你的孩子复制下面的青少年调查表，让他们在最想问的问题上画圈。

青少年调查有关性的16个常见问题

下面是青少年经常问及的有关性的16个问题，所以你很有可能也考虑过其中的一些问题。浏览一下，然后在你最感兴趣的问题上画圈。放心，我不会对你加以评论，而且我会对此保密，只有我们两人知道。

1. 性行为怎样就是过分了？

2. 什么时候可以发生性关系？在什么年龄？你怎么知道呢？

3. 在父母不知情的情况下可以口服避孕药吗？

4. 已婚人士通常多久性交一次？

5. 口交可以吗？

6. 女孩怎么手淫？

7. 男孩怎么手淫？

8. 男孩到什么年龄会有第一次勃起？

9. 女孩什么时候最有可能怀孕？口服避孕药贵吗？口服避孕药危险吗？

10. 举例说明性传播疾病。人怎么会患上性传播疾病的？

11. 我害怕艾滋病。我怎样才能够远离艾滋病？

12. 如果你进行口交，那你还是处女吗？

13. 如果一个人对别人有强烈的性欲该怎么办？你会怎么办？

14. 如果一个人受了性虐待，还没有告诉任何人，那他该怎么办？

15. 婚前性行为是否不道德或者错误？

16. 堕胎是否不道德或者错误？如果你认识堕过胎的人，你会怎么看待她？

好了，现在做什么？

既然你的孩子已经接受了这次调查，那么接下来你们就要围绕性的话题进行一次极尴尬却又极重要的谈话了。

准备。看一下孩子圈起来的问题。这是一次你事先就知道问题的测试。首先，回想一下你14岁时的情景。这里的关键是要把同理心（"我理解你现在的处境"）与看问题的角度（"这是我希望当初有人告诉我的"）结合起来。你的孩子不需要（也不想要！）细节，他们只想让你坦诚地告诉他们你目前的性价值观念是怎么样形成的。

挑一个对你有利的时间和地点。利用你和孩子两个人在车里的15分钟或更多的时间来聊这个话题。在汽车里进行尴尬的谈话可以做到一箭三雕：谈话随意，不需要视线接触，在时速65英里的车里面谈话不会被别人听到。

第一次谈话时，只回答孩子圈起来的问题中的一个。这样做的目的是要让这次短暂的聊天顺利完成，以便你的孩子不会坚决地反对与你再次谈论这样的话题。所以，你的目标就是一个问题，一次胜利，就此打住。你可能还想继续谈下去。你想解决所有圈起来的问题。不要这样做。享受这次小小的胜利吧，你要知道你已获准下次接着聊。

2. 如何与孩子谈论死亡

特别感谢北卡罗来纳州立大学青少年家庭和社区科学系副教授金伯利·艾伦博士，他就该话题的一些细节给出了咨询意见。

挑战

应对死亡，特别是突然或悲惨的死亡，是一件我希望你和处于青春期的孩子永远不必面对的事情。不幸的是，你们很可能要面对它。直到高中毕业你的孩子还没参加过至少一次葬礼几乎是不可能的。

就在我写下这些文字的时候，一位朋友给我发来短信：他孩子同学的爸爸突然去世了，让人很是震惊。两个孩子和他们的妈妈每天都生活在悲痛中，不得不面对亲人已经逝去的残酷现实。女儿一直在餐桌旁为爸爸保留着一个位置。那个空荡荡的座位给全家人带来的痛苦是我无法想象的。

通常，这种事情带来的巨大的情感伤痛，会让那些即使是最坚强的成年人都感到无能为力和束手无策。这里提供一些好的做法，希望不仅能够帮助你的孩子，也能帮助你渡过难关。

你的目标

帮助你的孩子尽可能顺利地满怀同情心地度过这段悲伤的日子。

会发生什么

1. **没有所谓正常的事情**。前段时间，我所在的高中有一名学生不幸死亡。我们学校的全体教师对学生们都是极有爱心的。但事情发生后，他们就如何最好地履行教师职责产生了分歧。一些教师建议一切照常："我们的孩子需要我们一如既往，值得信赖。这会让他们感觉到生活将会回归正常，并不是一切都在变。"其他的老师觉得有些孩子肯定做不到这一点。他们想停止讲课，给学生腾出时间来交谈和表达悲伤。我想强调的是，抱有两种不同观念的老师都是对的，孩子处理悲伤的方法不止一种，一些孩子需要学习正常进行，而另一些孩子根本做不到这一点。一些孩子想立刻交谈，而另一些孩子情绪反应慢，过一两周后才会觉得难过。要问你的孩子他们觉得自己需要什么。注意，要记住方法没有对错之分。

2. **无助感**。或许，面对死亡最糟糕的是心理失控的感觉，这对于你和孩子来说都是自然的。你的目标就是帮助孩子应对这种无助感并给他们以力量。你要帮助他们明白天是不会塌下来的。

3. **潜在的情绪波动**。把孩子想象成一只气球。死亡事件带来的无法想象的压力以及由此引发的种种情感可能会使孩子内心充满负面的情绪，以至于超出了他们所能承受的极限。我们的身体简直无法承受这么大的压力。有时候一些青少年会突然崩溃，外在表现为做出一些可笑的粗鲁的行为，其实有可能是悲伤过度和心理压力过大的结果。作为成年人，你必须尽最大努力做到最和蔼，最有耐心，最有爱心。

4. **你回答不了的问题**。如果不幸的事情已经发生，比如孩子班里的一个同学突然去世，你的孩子就会拼命地寻找悲剧发生的原因。你可能也会这么做。然而不幸的是，这些答案几乎从来不会出现，而且寻找这些答案几乎从来不会带来让人满意的结果。有的时候，你只能说："我不知道为什么会发生这样的事，但是我也很难过。"

怎么办

1. **确保自己随叫随到**。犹太人有一个古老的做法，叫作坐七。当有人去世后，他生前的朋友和亲人会立刻赶到服丧者的家里并且静坐7天。这个仪式规定，除非服丧者首先说话，你才能说话。目的是让服丧者知道你在场而且愿意陪他说话。在死亡事件发生之后，你能做的最好的事情就是坐七，确保自己随叫随到。这在有人刚刚去世之后尤其重要，一句"你可以随时跟我说话"非常管用，之后，你要确保自己随叫随到。

2. **千万不要教孩子怎样表达悲伤**。许多出于好意的成年人会在两种做事方式上犯错误。一种是他们会建议孩子"尽量不要去想它"。这根本不管用。要是有人这样跟你说，那就等于白说，不是吗？另一种是有的时候成年人出于好意会迫使孩子开口说话，他们会说"说吧，你需要跟我说说话"。当然，把心里话说出来是非常好的，但是在孩子们还没有准备好的情况下强迫他们讲话也可能是有害的。同样，还是那句"你可以随时跟我说话"将会很有用处。你可以随时对孩子说这句话（或通过短信方式）来温和地提醒他，只要他们想，你随叫随到。

3. **注意孩子需要什么**。因为每个青少年悲伤的过程大不相同，所以你要对自己孩子的需求体察入微。有些青少年需要独处，有些青少年需要分散自己的注意力。青少年常常对自己的需求有着本能的直觉，但有的时候成年人必须把青少年说的话结合对他们的了解一起分析。他们可能需要请假，在家里待上一阵子，但最终他们必须回归正常的生活。关键是要让他们对你袒露心声。要确保自己随时可以帮助他们作决定。换位思考一下：这种时候你会需要什么，怎么做才合乎情理。

4. **帮助孩子通过自我讲述来抒发悲伤**。我们知道，悲伤和创伤会给人以强烈的无助感。我们也知道当青少年能够讲述发生了什么以及该事对自己有什么影响的时候，他们会感觉到自己有了更多的控制力，感觉更加安全。自我讲述是人类抒发悲伤极重要的一种方式。从生理学角度来看,当青少年有能力处理发生的事情时,体内的压力荷尔蒙就会被释放出去,这就是诸如写日记、听音乐、绘画等能够真正起作用的原因。这些活动会让青少年深入地思考发生的事情以及该事对他们的影响,并且让他们将这些想法与他人分享。

5. **注意危险信号**。下面一些迹象表明你的孩子在处理死亡事件上可能正在经历着巨大的考验,并且有可能需要更多的帮助才能度过这段时期。如果你发现了不好的苗头,务必向有资格的咨询师求助。

- 开始自我封闭,拒绝与人交流,甚至拒绝与朋友交流。
- 出现失眠的迹象。
- 长时间沉默或拒绝说话。
- 开始反复说"我无法接受这个"类似的话。
- 在校表现开始出现明显的异常。
- 使用消极的应对方法逃避现实(吸毒、酗酒等)。

3. 如何说服孩子获取帮助

特别感谢临床心理学家、青少年专家，威奇曼诊所——一个充满创新精神的儿童青少年咨询治疗中心——的创始人杰里·威奇曼博士，他就该话题的一些细节给出了咨询意见。

挑战

你说不出来的，可能会在行动中体现出来。咨询师会帮助人们（特别是青少年们）把心里话讲出来。他们也会帮助你认识你自己。对于青少年这个处于迅速变化中，复杂得有时连他们自己也认不清自己的人群而言，咨询师简直是上天的恩赐。

那么如何才能判断孩子是否需要进行咨询呢？有没有什么迹象能提示家长呢？简短的回答：有。1967年，精神科医生托马斯·福尔摩斯和理查德·拉里检查了5000多名内科病人的病例，目的就是要确定给人们带来精神压力的生活事件是否会导致疾病。他们发现这样的事件确实会导致疾病。福尔摩斯和拉里评估了一系列人生事件并给每个事件都赋了"压力值"。压力越大，分值越高（1~100分）。以下是跟青少年相关的部分人生事件及对应的压力值。

父母离婚（73），父母分居（65），家庭成员去世（63），严重的个人疾病（53），家庭成员重病（44），性功能障碍（39），父亲或母亲失去工作/重大的经济变动（38），朋友去世（37），兄弟姐妹中有人离家出走（29），搬家（25），与老师或教练产生矛盾（23），换学校（20），社交圈子的变动（20）。

以上任何一件事（或者很不幸，同时有几件事）发生在孩子的身上，就会造成孩子的压力值攀升，有可能超过他们所能够承受的极限。不过，判断孩子是否需要咨询专家最终还是要依靠你的直觉。如果你觉察到孩子有什么不对劲的地方，赶快追问孩子并考虑向咨询师求助。

咨询师会帮助你应对你的痛苦。你对自己的评价会影响到你所做的选择，而你的选择会影响你的未来。咨询师会帮助你更清楚地认识自己和你自己的能力。我的咨询师们帮助我识破了我对自己的迷信。他们帮助我理清了自己的过去，抚平了我心灵的创伤。

正如我的朋友——作家、演说家乔恩·阿库夫所说："见咨询师的最佳时机是在出问题之前。不要等到着火了，才去买烟雾警报器。"乔恩的建议太明智了。

你的目标

打消"咨询是耻辱的"这种成见，说服你的孩子尝试一下咨询。

会发生什么

将咨询看作耻辱的成见。对许多青少年来说，当你提议"我觉得你不妨去做一下咨询"，在他们听来简直就是"我觉得你是个有毛病的、让人讨厌的人。"

青少年的内心本来就充满了忐忑和恐惧，咨询的话题更会让他们觉得羞耻。畅销书作者、休斯敦大学社会工作研究生院教授布琳·布朗博士这样描述羞耻的心理："我身上是不是有什么见不得人的东西啊，如果别人知道了或看到了，我这个人就不值得交往了？"如果你打算帮助你的孩子，那么在劝孩子接受咨询的时候，你就应该特别注意这种情感的陷阱。

反抗。青少年知道接受咨询就意味着要剖析他们自己和他们以前的经历，常常是他们不愿面对或想不通的痛苦经历或者性格缺点。某种程度上这相当于自揭伤疤，这实在是太可怕了，结果大多数青少年会选择逃之夭夭。作为家长，你要给孩子做示范，坦言自己也有弱点，并用同情心来引导孩子，这样他才不会"抗拒"到底。

怎么办

1. **抛弃羞耻感**。我们必须心悦诚服地接受这个事实：地球上的任何一个人都不完美，包括我自己。我们所有人都有缺陷，关键是你如何面对自己的缺陷。[1]

帮助孩子克服耻辱感的一个好办法就是坦言你自己也需要他人的帮助。如果你曾经做过咨询，就用自己的例子来引导孩子。你不妨这样说："咨询不是为软弱的人准备的。它是专门为那些诚实并且勇敢的人准备的，因为去咨询意味着'我真的想理解这一点，我觉得自己需要有人引导来弄懂它'。"

2. **找到一个能跟孩子合得来的咨询师**。孩子能否与咨询师和睦相处这一点很重要。遗憾的是，现在还没有一种计算程序能帮助孩子匹配一名完全适合他们的咨询师。有些咨询师可能非常合适你的孩子，而有些咨询师则不合适。但是即使不合适，对那位咨询师来说也并非是一个打击。一些青少年需要咨询师有同情心，一些青少年需要被人推着往前走，还有一些青少年希望获得清晰的策略。

在寻找咨询师的过程当中，确保你向孩子清晰地传达了这两个要点：

---

[1] 趣事：一次，我威胁孩子要烧掉他们所有的玩具，因为他们拒绝收拾玩具。听到这话，我那可爱的、扎着小辫的四岁的女儿说："爸爸，你要敢那么做，我就揍你的小鸡鸡。"

- 你和我一起寻找一名咨询师。这是我们的最终目标。
- 你（指青少年）将有完全的否决权。我不会问任何问题。

严格遵循这两个要点有助于咨询顺利进行下去，因为这使孩子拥有了很强的权力感和自我行动意识。考虑与咨询师预约一次介绍性的咨询，目的只有一个：看看你的孩子能否与咨询师合得来并且信任他。

3. **从一开始就设定健康的期望**。头几周的咨询可能会让人觉得糟糕透顶。你离开时的感觉比你咨询前感觉还要糟。就像你健身之后，常常感觉浑身疼痛，对吗？这是好事，因为疼痛表明密集的锻炼正在使你的肌肉变得强壮。咨询也是一样的道理，这种疼痛（情绪上的）表明咨询正在起作用。你最好事先和孩子说明，咨询需要一个过程，这样当他们咨询结束后感觉更糟糕的时候，他们就会知道自己实际上正在取得进步。

4. **让孩子自己去一次**。记住，你的目标不只是让孩子接受咨询，你的目标是让孩子自愿主动地去咨询。你必须让孩子自己去一次，这样他们就不会觉得他们是在被迫做自己不喜欢做的事情。你可以这样说："现在我们已经找到了这位咨询师，大家都说这个人很棒。我想跟你做个约定，你尝试跟某某博士做五次咨询，就五次，如果五次咨询之后你觉得没有任何价值，你就可以跟我说要退出。没有问题。我不会再强迫你或者让你为难。"让他们自己去一次可能会激励他们主动连续地去寻求咨询。

选择一位精明强干的青少年咨询师

1. **确保他们是领有执照的咨询师**。心理健康专业人员跟医师的情况很相似，都是由州政府委员会负责管理。为了获得执照，一名咨询师必须在正规大学接受正规学校教育并且有数百上千个小时的实习和行医记录。你有可能会碰到以下四类主要的咨询专业人员。

心理学家：拥有心理学博士学位并且在研究人类行为以及治疗技术

方面接受过至少四年的研究生培训。除了负责治疗以外，他们擅长心理测试和评估的实施以及进行心理学研究。

精神病专家：拥有医学博士学位，要完成医学院的学习并且要有3~5年的精神科住院医师实习经历。他们有能力评估具体精神疾病是否需要用药并且具有处方权。

社会工作者：拥有社会工作硕士学位，需要接受两年的教育和培训。社会工作者不同于其他咨询专业人员的一点是他们的知识面要覆盖社会支持系统、组织、团体，以及所有这些对个人心理健康的影响。

咨询师：在特定领域接受过专门训练，可能拥有咨询相关领域的高等学位，比如心理健康咨询或心理学硕士学位。他们往往处理非常具体的问题，比如酗酒或者职业选择。

2. **找一位擅长处理青少年问题的咨询师。**你必须找一位擅长与青少年打交道的咨询师，这一点很重要。因为青少年大脑的机能与成年人大脑截然不同。你的孩子也需要一位跟青少年相处时间足够长并了解这个年龄段孩子的共同问题和压力的咨询师。在挑选咨询师的过程中，可以问对方一些这样的问题：你的访客中青少年占多大比例？你跟青少年打交道多久了？

3. **让你的孩子参与进来。**咨询最重要的一个方面就是你的孩子与该治疗专家之间的治疗关系。通常，你最多只有一到两次机会帮孩子们找他们会喜欢并且愿意再次接触的治疗专家。所以，开始寻找之前要清楚你并没有很多重新选择的机会。而且——我们知道你可能不想听——不要为了省钱而错失良机。找到一个懂得适合青少年方法的人（理想的情况是咨询师看起来还比较年轻）。如果孩子感觉咨询的体验很棒，或者觉得那个人"懂"他们，你就会想让孩子继续咨询下去。这时，你可以问孩子这样的问题：哎，你对他印象怎么样啊？你觉得他懂你吗？你觉得他能帮到你吗？

普遍的难题:"可是如果我没有这笔钱该怎么办?"

不幸的是,心理健康治疗是医疗保险中补偿最少的一种,特别是一对一的咨询。

以下是一些可能会对你有所帮助的方法:

- 核实你是否可以享受医疗保健计划全部或者部分补偿。
- 核实你孩子所在的学校是否有可用的资源。
- 联系当地的非营利性组织和相关机构,询问对方是否提供基金或者做无偿咨询,是否有提供浮动价格(按照你的能力支付费用)咨询的咨询师。可能在听到20个否定的答案后,你会听到一个"是"。
- 将咨询看成一种投资。如果你能够想办法凑足资金,帮孩子做一次预防性咨询,我亲眼看到一些家长在事态变得不可收拾时不得不采取一些极端的措施。
- 积极主动行事,召集一批有爱心的成年人。联系孩子所在学校的咨询师,让孩子的儿科医生也加入进来,拜访一大批有爱心的成年人(孩子最喜欢的叔叔／伯伯／舅舅等,青年牧师,当地图书管理员等),将这件事变成一个"群策群力"的行动。

危险或令人不安的行为

画面渐显：室外——傍晚，一所位于郊区的普通房子。

画面溶至：室内——长走廊。

画面溶至：室内——卧室。

安德里亚，一位红褐色头发的中年妇女，径直走进房间并顺手把白色的门拉上。她一脸严肃。

安德里亚：（在关门）

道格：（安德里亚的丈夫，从一本杂志里抬起头来）怎么了？

安德里亚：我刚才在打包。

道格：参加科学营？

安德里亚：对。我需要一个包，我不想带我们的行李包，因为那儿有砾石路，特别不好走。

道格：哦。

安德里亚：所以我就去了库伦的房间，去找一个他的运动包。你知道，他有不少阿迪达斯的包呢。

道格：然后呢？

安德里亚：我就打开他的衣柜，在柜子最里面的一个角落发现了一个包。我就把它拿到我们的房间，把它打开准备收拾行李。

道格：嗯，怎么了？

安德里亚：我发现了这个。（掏出一个装满绿色东西和一杆大麻叶烟枪的小塑料袋）

道格：啊，那是……

安德里亚：没错。

道格：他是从哪儿搞到这些的？

安德里亚：好像我知道似的。我们该怎么办？

道格：我不知道。他到底是怎么弄到这些的？

安德里亚：我怎么会知道？

道格：（沉思，一片茫然）我还是不明白。这合法吗，可是只有到了18岁才行啊？而且还得有卡才行吧？

安德里亚：我不知道。

道格：我想法律一月份要有变动的。

安德里亚：你说的根本不在点子上，道格。这事在我们家里是不合法的。我不管政府怎么说。我们的儿子私藏毒品！就在他的屋子里！

道格：我的意思是，你这口气好像是发现了他的地下冰毒实验室似的。这只不过是一袋子草啊。

安德里亚：你的意思是？

道格：大多数孩子只是尝尝，之后该干吗干吗。这不是什么稀罕事。

安德里亚：塔米·史密斯的儿子杰瑞米呢？

道格：杰瑞米是因为吸食过量海洛因死的，亲爱的。人是不可能死于大麻过量的。

安德里亚：他吸食海洛因也是从大麻开始的。

道格：我是说……

安德里亚：他现在开始用那个（指着那个袋子），然后就会开始跟那些坏孩子混在了一起。

道格：大多数的孩子……

安德里亚：（语气无比坚定）把这话跟塔米·史密斯说去。去呀！去跟她说，去跟她解释！

道格：（沉默）

安德里亚：葬礼上你就坐在我旁边。（生气中）我无法相信在我们的儿子拥有毒品对与错的问题上你还得跟我对着干。

道格：（语气缓和）我又没跟你吵。我没有啊。我只是不知道……接下来该怎么办。

安德里亚：我是说，我们要报警吗？

道格：我觉得他们不会因为这么一点儿量费心的，亲爱的。我觉得他们不会的。

安德里亚：或许我们赶过去，把他从学校里拽出来，当场拿这些东西跟他对质。

道格：我们最好先弄清楚。

安德里亚：（用指责的语气，接近于嘲讽）你还需要弄清楚什么啊？

道格：（语气变强硬，这样的指责不公平）嗨，我可不是故意找碴儿。我的意思是，我们的结论可能太草率了。我们还不知道那毒品到底是不是他的呢。有可能是他朋友的或者他的队友的，他们可能让他代为保管呢。关键是，这些我们都不知道。

安德里亚：那，现在该怎么办呢？

道格：我不知道。

旁白：生活中，有时候你会觉察到孩子正在进行一些风险很大，甚至是危险或者违法的行为。这种情况可能会让人完全不知所措，因为潜在的后果极其严重。接下来的这一节会提供处理以上情况的有效方法。

1. 每位父母必须知道的七个警告信号

生活中,孩子们极有可能会碰到一些自己处理不了的事。这些事很复杂,对孩子来说很困难,让他们难以承受。此时,他们需要有爱心的成年人的帮助。下面是一系列非常重要的警告信号,能够告诉你孩子正在挣扎当中,需要有人帮助。不管什么时候,只要你担心孩子出问题了,回来重读这张检查表。

1. **睡眠突然出现了明显的变化。**

青少年突然变得嗜睡或者睡眠时间明显减少,甚至有失眠的迹象。这也包括难以入睡,夜间醒后难以入睡,夜间不断醒来以及／或者在闹铃响起之前就醒来。

2. **吃饭习惯上突然出现了明显的变化。**

孩子的饭量突然大增或者大减。

3. **注意力突然变得难以集中。**

孩子看起来总是"心不在焉"或者有精神和身体极度疲乏的迹象。通常,这是因为抑郁干扰了睡眠,进而给他们的身体和大脑造成了严重的伤害。但也有可能是吸食毒品或者其他形式的自我用药导致。

4. **分数突然下降。**

当青少年在情感上碰到无法克服的困难时,他们就难以将注意力集中在学业上,这很可能会在他们的成绩单上有所反映。此外,这往往伴随着睡眠问题,孩子常常极度疲乏,缺少活力,从而使得在正常的、对学业要求很高的环境里获得成功变得非常困难。

5. 比往常更易怒。

青少年常常易怒，但其他的因素会使得这类行为突然增加。比如，青少年的压抑看起来跟成人的抑郁不一样。他们的创伤和痛苦如果处理不当，很容易转变为怒气。此外，典型的情形是青少年不具备成年人的处事策略，所以当碰到情感问题时，大多数青少年会变得比平时更为易怒。

6. 在日常生活方面的快速变化。

青少年的生活往往很规律，所以如果你注意到他们的日常生活方面出现了突然的变化（时间和地点），这可能是意外发生的警告信号。比如，受到欺负的孩子突然会改变他们的行动路线和时间。同样，如果你的孩子在某些夜晚失踪了，或在满月之夜身体上突然长出很多毛，这可能表明他是一个狼人。

7. 社交圈的快速变化。

尽管这并不一定标志着出现了麻烦，但是因为社交圈是青少年生活的一个很重要的部分，所以社交圈突然的重大变化有可能意味着重大事情正在发生。

2. 我担心孩子患上了饮食失调症

特别感谢高地饮食失调治疗中心临床主任尼科尔·西格弗里德博士，他就该话题的一些细节给出了咨询意见。

挑战

1995年，哈佛饮食失调治疗研究中心主任安妮·贝克博士带领一队研究人员到遥远的热带岛屿斐济岛去采访那儿的女中学生。

研究人员试图寻找能够帮助他们了解这个南太平洋岛国独特文化的线索。在那里，无论男女，身体通常都健壮丰满。研究人员发现"你胖了"这句话在斐济被看作是对青少年的赞许。说某人"小细腿儿"却是一种侮辱，而"瘦了"这个词——表达减了很多重量——会导致人们担心。

三年之后，这些研究者再次来到斐济时，发现了与上次迥然不同的现象。1995年以前，卡路里这个概念对于当地居民还很陌生。但是到1998年，69%的青少年说他们一直在节食，15%的女孩说她们曾用催吐的方法来控制体重，将近30%的受访女孩在一次饮食失调症风险调查评估中得分很高。

是什么原因造成了这种变化呢？原来，1995年当贝克博士开始其研究一个月之后，卫星开始将美国的电视信号发送到斐济地区。美国电视节目给斐济人带来了一种截然不同的审美观念。

在今天的美国，超过一半的十几岁女孩和将近1/3的十几岁男孩有着不健康的体重控制行为，比如不吃正餐、节食、吸烟、催吐、服用泻药。被诊断患有饮食失调症的人当中，95% 的人年龄在 12~25 岁之间。

虽然饮食失调症及其根源尚未明确，但是我们知道，由于人在青春期情感和身体上的变化，再加上来自学习、家庭和同伴的压力，青春期成为饮食失调症的高发期。

你的目标

在健康饮食习惯方面为孩子树立榜样，营造一个注重青少年内在品质而非外表的环境。

会出现什么情况

1. 迷茫。你有必要帮助孩子明白如何与食物建立健康的关系。人类吃东西出于两个原因：营养和快乐。帮助孩子在"健康"和"美味"之间实现某种平衡是很重要的。因为大家都知道，如果你一直吃奇多士（一种膨化食品），你的头发就会变成橘黄色，而如果你每顿饭只吃羽衣甘蓝，你就会觉得活得真没意思。

2. 巨大的社会压力。照片分享网站的井喷式涌现给年轻人带来了巨大的压力，促使他们去创造一个精心设计的，有着完美外形的自我形象。今天，超过 90% 的青少年会把自己的照片发到网上。随后，青少年常常会过度关注多少人给自己点赞，因为这种迅速的反馈会让他们获得认同感，或者相反。现代的数字世界导致了人们巨大的焦虑和不安全感。

3. 警示信号。如果你从孩子那里听到"节食"这个词，那你要当心了。对于大多数父母来说，"节食"这个词似乎是健康无害的，但实际上，它是造成饮食失调症的高风险因素。我们有确凿的数据：35% 的"正常节食者"会逐渐形成病理性饮食习惯，而在这些人当中，20%~25% 的人会逐渐成为有部分综合征或者全面综合征的饮食失调症患者。节食是青少年想暂时改变自己外貌的一种尝试，几乎不会形成长期的健康行为。只要你听到"我这么胖""我需要减肥""我需要节食"这样的话，警示灯就亮了。要以此为契机开始跟孩子谈论饮食。

怎么办

1. **注意你谈论饮食、体重和外貌的方式**。父母对自己身体持负面评价的孩子患上饮食失调症的风险更高。像"我这么胖"或"我得花上一周的时间才能消耗掉这块比萨饼"这样的评论可能看似无害，但是它们传达了你关注的焦点。"我想更活跃点""晚上我不想吃冰淇淋了改吃葡萄"与"我讨厌自己的样子""那个名人真是不修边幅！"之间有着巨大的差别。你越是谈论外貌方面的问题，你的孩子就越会认为表面的东西更有价值、更重要。

2. **把重点放在什么才是真正的美上面**。有那么一天，你的孩子或许会说"我真丑""我好胖""我不漂亮"之类的话。即使大多数父母会想尽办法来防止孩子们有这样的感觉，这种情况也是难免的。健康家庭所能发挥的作用之一就是抵消来自社会的一些毁坏性的或者有害的信息。我们生活在一个充斥着对美有着各种不切实际的判断标准的文化中，家庭可以对青少年在学校或者更广阔的社会里的所见所闻起到一个缓冲的作用。让孩子将重点放在内在品质以及为什么这些东西使得他真正美丽上面。以下是两个实用策略：

- **认可的策略**。尽管每位父母都希望"那是胡说，你真的很美"这样的话会起作用，而事实上不会。外在形象是人对自己身体的心理认知，所以肯定青少年的感受，认可他们的体验是极为重要的。用这样一些句子做开场白"我听见你说觉得自己不帅／不漂亮。为什么这么说？"带着好奇心来探讨他们对自己的评论。接着要肯定他们的感受，比如"不管在哪儿你都能看到这些不切实际的形象，这肯定让人超级不舒服"，尝试这样说"我明白你的意思"或者"我能理解你为什么会那样说"。

- **斗争策略**。在认可他们之后，你就必须正面攻击那些错误的观点。你可以这么说："从我作为你爸爸／妈妈的角度来看，听到你说自己丑，哎呀，这听起来简直是在说疯话。这跟事实简直差十万八千里。让我来告诉你，你在我的眼里到底美在哪里。"接下来你就可以列举孩子那些与众不同的、充满魅力的、跟身体无关的特征，譬如说"你好有幽默感啊""你是一个超级忠诚和体贴的朋友""我特别欣赏你待人的方式""我特别佩服你那么努力地追求自己看重的事情"等。不要低估你在帮助孩子对抗这些错误思维方式所起的作用。记得，要经常这么做，这不会夸坏你孩子的。

3. **反驳电视上的观点**。几乎在任何地方，孩子都会碰到不健康的审美观念。如果你当时正好在场，那就要及时给出评论。比如，当那款新剃须刀的广告出现在电视屏幕上时，你要指出自从人类开始刮胡子以来，还从来没有当一个男的刚刮完胡子，就会从他身后走出一个几乎一丝不挂的女人来看他胡子刮得干净不干净的。这个剃须刀公司为什么要播出这样的广告呢？他们在暗示自己的多刀头剃须刀能做什么呢？谈论这些会帮助孩子成为具有批判精神的消费者。一定要与当前这类占统治地位的世界观做斗争。

4. **要警惕**。饮食失调症的麻烦在于，从其定义可以看出来，这是一种不易被察觉的紊乱疾病。事实上，一般情况下，患有饮食失调症的人通常会跟这个疾病斗争五年之后才知道自己患有这种病症而去寻求帮助。但是，有些迹象其实可以作为警示信号：如果与孩子饮食相关的行为发生了变化；如果他们突然坚持只在自己的房间里吃饭或者他们决定从自己的饮食中砍去一整类食品；如果你发现有食品包装纸藏在他们的房间里；如果他们对食品的选择有哪些方面在你看来不合情理，那一定要追问并且加以调查，虽然很有可能会是虚惊一场。青少年正处于快速发育期，他们的饮食习惯可能会突然发生变化。但是在这种情况下，确保安全总比事后后悔好。

5. **寻求专业帮助**。如果你注意到令人担忧的迹象或者很担心孩子可能正在跟饮食失调症做斗争，那就寻求专业帮助。

3. 我担心孩子在发泄怒气

特别感谢文学硕士、家庭咨询师以及"一个有爱心的成年人"项目主任约书亚·韦恩，他就该话题的一些细节给出了咨询意见。

挑战

实话实说吧，你青春期的孩子做事不像话，跟你对着干，说话没礼貌，这肯定会让你大发雷霆甚至丧失理智。如果你不加克制，最后的结果就是你大声责骂孩子甚至动手。或许现在你已经陷入了这种行为模式中。

记住养育孩子最关键的是你与孩子之间的亲密关系。如果你与孩子的关系牢固，特别是如果孩子认为可以跟你推心置腹时，你才有机会影响他们的行为。对你来说，唯一能起作用的支点就是你与他们的关系。这并不是说要你做一个老好人，而是说你要利用自己作为成年人的权威、智慧和影响力来与孩子建立良好的关系并帮助他们。

与孩子大吵大闹，限制他一百年不得外出，摔门而去，这些都没什么用。下面教你一招，不仅可以让你保持冷静，还能有效引导孩子放弃不良行为，变得成熟，同时还不会给你们之间的感情造成任何损害。

你的目标

训练孩子，让他们懂得从你这儿获得东西就要做到尊重和客气。

会出现什么情况

青少年的行为几乎毫无例外地受四种基本心理需要的影响。[①] 你甚至可以说它们是四种基本需要。你与孩子的每次冲突都是因为他们试图满足其中某个需要，但由于方式不成熟甚至粗鲁造成的。这四种需要是：

1. 爱和归属感。孩子特别想获得并且需要感受到与他人之间的联系。这种联系可能来自家庭和朋友，也可能来自他们所在的团体或机构。

表现形式：各种研究结果一致显示青少年加入帮派是为了寻求一种归属感。虽然你的孩子不大可能加入帮派，但是也要注意，孩子会与能给他们归属感的人"结伙"，不论那个人有多不上进，有多坏。

2. 权力。孩子需要有某种成就感，这种成就感可能来自体育或学习方面的成就，也可能来自拥有相处甚欢的朋友。

表现形式：即使已经被反复要求了快 6471 次了，他们仍然拒绝打扫自己的房间。为什么呢？并不是因为他们特别喜欢居住在"有害生物区"，而是因为他们在想尽一切办法攫取权力，他们相信对自己的私人空间他们拥有这一权力，而卧室就是他们最神圣的私人空间。

3. 自由。青少年想在自己生活的某些方面拥有自主权。方式可能是找一份工作或考取驾照，或者仅仅是自己决定自己的日程安排。

表现形式：他们也许会穿你不喜欢的衣服，选择你认为很丑的发

[①] 这个观点被称为选择理论，是由著名精神病专家威廉·葛拉瑟博士在其同名著作中提出的假设。葛拉瑟将几乎所有人类行为的驱动力归结为这四个基本心理需求。

型。他们也许会反对（激烈地！）你相信的东西，目的只是为了显得特立独行。他们会以追求个人自由的名义"试着扮演"各种形象。

4. 乐趣。乐趣对青少年的行为有着多么强大的影响力啊！对这一点可不能低估。青少年爱玩，打电子游戏、看电影、跟朋友闲逛，大多数情况下都可能让他们乐此不疲。

表现形式：他们可能会做一些蠢事，比如参加聚会时酗酒或者爬进一辆手推购物车，然后沿着陡峭的山坡冲下去。他们这样做只是因为当时觉得好玩。冒险、刺激、好玩让他们完全不去考虑可能发生的后果。

重申一下，这四种需要都是好的。需要和想得到这些东西没有任何错，每个人都是这样的。但是发飙、爆粗口以及为了得到你想要的东西就欺负别人，那就不对了。你要做的就是训练孩子如何理解他们想要的东西，以及如何客气地要求这些东西，在这个过程中要给他们示范如何体现礼貌和爱心。

怎么办

1. **你需要做些准备工作**。当家庭气氛和谐的时候（没有激烈冲突或者争吵），回想一下当你和孩子发生矛盾时，孩子的三到五个最让你难以应对的行为。然后从那四个基本需要的角度来考虑每一个行为。他们通过这些行为在极力地满足哪个或哪些需要呢？他们是如何采用积极和消极的手段着手满足每个需要的？如果你能跟另一个人（比如你的配偶）一起充分考虑这些，你们可以彼此交换意见。

2. **保持镇定**。如果你的情绪不稳定，就不要跟孩子有激烈的言语交流。如果孩子的情绪不稳定，也要避免激烈的言语交流。这一点非常重要。孩子懂得如何激怒你，如何引你做出反应。你决不能让孩子操控你的情绪。怎么办呢？心平气和地走开。

不妨跟孩子这样说:"如果你想跟我要什么东西,那你得先学会理智和气地跟我说话才行,到时候咱们再谈。"

你必须保持镇定,主要出于两个原因:第一,如果你不受自己的情绪驱使,你就会更好地回应。咆哮可能会提高电视节目的收视率,但在现实生活中却不管用。第二,不管你意识到没有,你仍然是孩子的榜样。如果你自己都无法停止吼叫,你就没有资格让你的孩子好好说话。要想让孩子成熟地管控情绪,你得先成熟行事。

3. **让孩子明白他们的策略不管用,教他们如何得到想要的东西**。先问他们一些问题:你现在想要什么?你的目的是什么?你要达到什么样的目标?接下来给他们解释为什么他们的行为不管用,让他明白这个道理。你的孩子会发脾气吗?告诉他除非他心平气和地说话,否则一切免谈。你的孩子会临时跟你要东西吗?那就让他明白如果他能让你有足够的时间做安排,那你会很乐意帮他这个忙。你的孩子会用不敬的口吻讲话吗?让他知道要想得到自己想要的东西,唯一的方法就是用尊敬的口吻跟你或其他人讲话。重申一下,孩子几乎总是想要满足上述四种基本需求中的一个,只是在力图得到它的时候方法不当。当你们都心平气和的时候,帮孩子明白这个道理:你想要的东西是好的,但是你力图得到这些东西所使用的方法却是没有效果的。

4. **利用"肯尼·罗杰斯方法"**。在你跟孩子长期进行一连串无法获胜的战斗中(你甚至不应该去尝试),会极大地削弱你们之间的关系。按照肯尼·罗杰斯不朽的话说:"你得懂得什么时候跟他们抗争,懂得什么时候对他们包容,懂得什么时候走开。"

- **懂得什么时候跟他们抗争**。如果是你要主动挑起战斗,那么有些时候你必须做到毫不妥协,坚持到底。这些不能输的战斗通常是围绕安全和尊重问题的,比如,"你不可以用那种方式跟他人,特别是我说话""我需要随时知道你在哪儿""你不可以毁坏财物，包括我的东西"。围绕安全和尊重的问题决不允许讨价还价。

- **懂得什么时候对他们包容**。有些战斗，你越想控制孩子，越让他们觉得有理由反抗。这些失利的战斗大多是因个人自主权问题引起的，而且常常只存在于某一成长阶段。在这方面，位列第一的战斗好像是围绕孩子保持自己房间卫生展开的。只要他们的房间里没有堆放打开包装的食品或者用过的食品容器（那会成为蚂蚁的乐园）或者食品的味道没有弥漫到客厅里，那就随他们的便。其他的问题，比如衣服、发型、头发的颜色、音乐，等等，也是一个道理。大多数时间，孩子们只是在尝试各种事情。这些都是成长过程中必然出现的问题。你越是试图控制，就越会让他们有理由跟你对着干。

- **懂得知道什么时候走开**。不要让孩子欺负你。如果他们咆哮，如果他们辱骂你，如果他们提高嗓门或威胁你，你千万不要屈服。相反，你要说："你要大喊大叫，咱们就没法谈。什么时候你学会懂礼貌了我们再谈。"然后你就走开。如果他们想跟着你，那就走进你自己的卧室把门关上。如果他们还不肯罢休，你就坚定地跟他们说："到此为止，否则后果自负。"

如何应对他们的怒气：结局会怎么样呢

画面渐显：室外——周六上午大概 11:30。

市区一所普通的褐砂石房屋

画面溶至：室内，厨房

妈妈正在将橙子切片，然后把它们放进一个大塑料袋里。

一个 15 岁的男孩，走进屋子。

孩子：妈，我得去约翰尼家。

妈妈：哦，你妹妹有足球训练，我得先送她过去。

孩子：你们什么时候结束？

妈妈：大概三点左右回来。

孩子：什么？时间太长了吧。我中午前就得过去，所有人都去会合。

妈妈：嗯，我三点能带你去。

孩子：妈妈！我必须去约翰尼家，大概，就现在。我得完成学校的这个项目，只有这个时间约翰尼、安吉尔，还有其他人能和我见面，所以我必须去。

妈妈：哦，如果你真急着去，你应该昨晚或者前天晚上就告诉我，那我就可以早做准备，想个办法。

> **你传达的意思：**
> 做计划很重要。你要是早做计划，情况会对大家更好。

他们的做法：
你的孩子会补充新信息来说明该事确实紧急。

孩子：可是我是直到，嗯，刚才才知道大家要中午赶过去见面的。

妈妈：哦，我没法送你去，不过咱们一起想想办法。有没有谁路过那里，这样你可以给他打个电话，让他送你一下？或许谁的妈妈顺路，可以过来接你一下……

> **你传达的意思：**
> 有时候我真的无能为力，但我不会不管的。

我会帮助你想办法解决问题。

孩子：天啊！不行啊！麻烦就在这儿！附近住的没有这样的人。

妈妈：那好吧，我三点回来。

> **你传达的意思：**
> 你自己计划不周造成的麻烦跟别人没关系，
> 这就是成人世界的处事规则。

孩子：他们做这个项目需要我，我已经告诉他们我要过去的。

妈妈：哦，那没有办法。我想送你过去，但现在不行。

> **你传达的意思：**
> 这个很关键。"我想送你过去"表达了你是为他着想并想帮助他的，但是这是一个相互体谅的事情。你愿意跟我达成妥协吗？你能昨天就告诉我一声吗？下一次你能改变自己的做法吗？有什么其他的技巧可以帮助你获得想要的东西呢？

孩子：胡说。就是因为她那破训练才把我困这儿了。

妈妈：喂，你不能在我马上要出门送你妹妹去踢足球时才跟我说需要我送你去约翰尼家吧！

> **你传达的意思：**
> 这个世界并不是大家围着你来转。你要认清现实。如果你总是不提前做好计划安排的话，有时候人们是无法腾出时间来帮你的，特别是在家里，因为其他成员的时间和日程安排需要考虑。

孩子：那可是学校的项目呀。我们必须在周一之前做完，因为到时候我们要交的。

> **他们的做法：**
> 这是青少年典型的做法：利用学校的要求来打动你的心。
> 但是底线是，既然该项目这么重要，他就应该早做准备。

妈妈：哦，我现在没有时间送你去。

> **你传达的意思：**
> 我是有原则的。

孩子：胡说！这个项目我要不及格了。你清楚，对吧？我要不及格了，就是因为你。

妈妈：听着，你要是认为冲我吼叫就能解决你的问题，我就会同意帮你，你就大错特错了。到此为止。

孩子：(吼叫)你带着她他妈的到处跑，而我现在有正经事要做，你却不带我去。

妈妈：你要大喊大叫，咱们就没法谈。什么时候你懂礼貌了，我们再谈。好了，我得送你妹妹去踢足球了。

> **你传达的意思：**
> 在这个家里，我们只能用平静的礼貌的方式说话。
> 如果你拒绝遵守这个标准，那我就不理你。

孩子：(用拳头使劲砸橱柜台面并扔掉一块毛巾)啊呀！你坏透了！你这个妈当得真好啊！

妈妈：我再说最后一遍，你最好仔细听着。你这种做法，这样嚷嚷，这样发脾气，我是无法接受的。到此为止，不然有你好看的。明白？

> **你传达的意思：**
> 在这个家里，要想得到你想要的东西，唯一的方式就是和和气气地说话。如果你违反了这条规矩，你就得承担后果，而且失去现有的特权。

孩子：(出门)随便。

4. 我担心孩子在吸毒

特别感谢执业临床社会工作者、执业临床酒精与毒品咨询师罗宾·巴内特博士，他就该话题的一些细节给出了咨询意见。

挑战

当你听到"毒品"这个词时，你很可能会觉得自己的孩子吸毒成瘾或者染上毒品的概率基本跟遭受雷击一样低。

然而，这种对于青少年吸食毒品的广泛性及致命性的低估，可能会给你和孩子造成惨重的伤害。

每年有 301,600 青少年接受毒品与酒精治疗计划。超过 91% 的成年成瘾者在 18 岁前就开始吸食毒品。或许更让人警醒的是，未成年时就开始吸食毒品的人当中，25% 的人会成为成瘾者，这与成年后吸食毒品的人当中只有 4% 的人会成为成瘾者形成鲜明的对比。而且，毒品尤其致命，在美国每天因过量吸食毒品而死的大概能达到 120 人。

你的目标

弄清楚孩子是否在吸毒。如果是，采取下面的步骤获得帮助。

会发生什么

青少年们对风险有偏好是由他们的大脑构造决定的。"青少年大脑"这个词在一些人看来是一种充满矛盾的形容，人们心里面都清楚这样的描述不公平也不正确。因为在一些方面，青少年的大脑具有令人难以置信的灵活性。这意味着他们具备吸收大量信息和迅速适应环境的能力。但是，这种可塑性是一把双刃剑。它同时意味着青少年更容易因为做出有风险甚至危险的决定而受到伤害。这是因为大脑边缘系统（该系统驱使并控制情绪）在青春期加强了，但是脑额叶前部皮层或前额叶皮质（管理冲动控制）直到二十几岁才开始发育成熟。这种不协调意味着青少年可以轻易地适应变化中的环境，但也会使盲目冒险而受伤的可能性大增。

青少年吸毒的原因跟成年人一样，为了应对生活中的压力和挑战，克服社交焦虑，抗击孤独感或暂时摆脱情感困扰。这些问题在青少年时期会特别突出——尽管这一阶段充满了挑战，但它也只是暂时的。

所有这一切带来一个既有好消息又有坏消息的局面。坏消息是孩子天生容易受到影响，这使得他们很容易沾上毒品。好消息是孩子易受影响也就意味着如果你早点着手，仍然有时间发挥积极的作用，但是你必须谨慎行事。

不要骗自己。大多数家长着手介入孩子的生活来应对他们滥用药物问题的时候，都已经太晚了，他们的孩子已经上瘾了。表面上这难以置信：为什么一个深爱孩子的父母会看不到这个显而易见的事实，即他们的孩子正在吸毒？答案是，有时候，我们对孩子的爱会蒙蔽我们。家长们对明显的证据熟视无睹，是因为他们心里根本没有孩子可能在吸毒这个念头。有的父母即使心里怀疑，看着孩子表面上没什么异常，他们就会想：要是我家孩子真的在吸毒，他现在应该会蜷缩在毯子上满头大汗，一连三天无法动弹才对。其实，经常吸食毒品的青少年表面上与常人无异，但是父母们以自己的经验或错误观念为标准，从而错过了孩子吸毒的明显迹象。

如果你发现孩子在尝试毒品或吸食毒品，你很可能会遭受到巨大的情感冲击，此时你必须要与自己的情感做斗争。这种情况下，大多数家长不是感到害怕就是觉得羞愧，这两种情感之强烈足以让你不知所措。如果你继续在这样的情绪下生活和做事，就不可能帮到孩子。不要问自己"怎么会这样？"，你一定要把全部精力放在"我现在怎样才能帮助我的孩子？"上。

实际上，深陷麻烦中的青少年非常希望被大人发现自己在吸毒。执业临床酒精和毒品咨询师、《家里的瘾君子：摆脱毒瘾走向康复的家庭实用指南》(*Addict in the House: A No-Nonsense Family Guide Through Addiction and Recovery*) 作者罗宾·巴内特博士开办了一个帮助成瘾者的治疗机构。她说几乎百分之百被问及的青少年都会说："我真希望我的父母当时能够发现我在吸毒。我真希望父母当时采取了一些措施。"吸毒成瘾给自身和家人都带来了巨大的痛苦，人生由此转变（常常是令人难以置信的悲剧性结局），无法摆脱毒瘾的人普遍经历的绝望感是每个青少年想避免的。他们迫切地希望获得帮助，恰如父母正急切地想给予他们帮助。

怎么办

1. **留心你的药箱**。在你药箱里的药品方面，你（就像几乎所有成年人一样）极有可能对孩子的信任过头了。父母经常随手放置自己的处方药，但是这样做的话，在保管药品方面你就犯错了。许多吸毒的青少年常常是从他们父母的药箱开始的，因为那是最容易接触到毒品的地方，被逮着的可能性不大或根本没有，而且不花一分钱。对于青少年来说，吸毒就是知道要找哪种药然后吃掉这么简单。对于你来说，防止孩子吸毒就是知道孩子想找哪种药然后将其妥善保管这么简单。

2. **暗中观察**。青少年渴望隐私，这是他们处在这一成长阶段的天性。但是，当一天结束时，无论从法律上还是从道德上你都有责任了解一下自己家里都发生了些什么事，所以你必须仔细地暗中观察。到孩子们的房间里看看，仔细找找有没有吸食毒品的痕迹。你这么做不必隐瞒，告诉孩子，因为他们还未成年，而且住在你的房子里，所以你有进入他们房间的权利。许多接受康复治疗的青少年都有极为出色且非常疼爱他们的父母。因为孩子不想让他们知道自己在做什么，于是他们就让孩子们拥有隐私空间。如果当初这些父母暗中观察，或许他们就能早点发现孩子在滥用毒品并且能够马上采取行动，在孩子完全成瘾之前帮助他们。

3. **要过度反应，因为父母倾向于反应不足**。设想一下，如果你发现孩子在学校里偷东西时，你可能会做出非常强烈的反应。你可能会跟其他的父母谈话，你可能会跟你的孩子谈话，你可能会大张旗鼓地处理该事，因为你想让孩子明白偷窃是错误的，这种行为害人害己，你需要把这个道理讲清楚。所以，如果你的孩子醉醺醺地回到家时，你必须大张旗鼓地处理此事，这将是一个转折点。立刻采取具体的行动：重新安排你的日程、优先处理此事、让专业人士介入、使用严肃的口吻和态度。如果你采取了这样的行动，你的孩子可能会千方百计地掩盖他滥用药物的事实（如果你留心，肯定会发现蛛丝马迹，从而证实他确实有问题的怀疑），他可能会说："我的天，真是烦死了，我再也不干这种事了。"

4. **不要害怕让孩子做药物检测**。如果你怀疑孩子在使用毒品，那就让他们做一次药检。你可以在任何一家药店买到非处方药检试剂。这些检测会查出许多最常见的被滥用的药物。这样，你就可以得到确凿的证据，不是阴性就是阳性。孩子会反抗你的安排，他们很可能会被激怒，你也会因此感受到很大的心理压力，但是你必须拿到确凿的证据，以证明他们是清白的或者真的在使用毒品，这样你才能真正帮到他们。记着你的初衷：你的目的是关爱并且帮助你的孩子。正常情况下，即使孩子们一直抵触甚至激烈反对你的做法，但他们都会凭直觉明白你的所作所为全都是为了他们。

5. **必须寻求专业援助**。一发现自己的孩子在吸毒，许多家长会力图自己来处理此事，任恐惧和羞耻来主导自己的行为。通常，他们会天真地认为："我是个好父亲/母亲，我能处理好这件事情。"但是你做不到。一旦一个人开始吸毒，就会产生两个结果：他要么变成一个骗子，要么变成一个小偷。要知道，现在你面对的已经不再是你所熟悉的孩子了。寻求职业援助会让"谁在讲真话"的游戏真相大白，而且这会让孩子明白你是认真的，要动真格的。这时候千千万万不可掉以轻心。最好的结果是——孩子只是在尝试毒品，而专业咨询的过程立刻把他们镇住了。最坏的结果是——孩子已经有毒瘾了，陷得比你想象的要深，但现在他们得到了有可能帮助他们战胜毒瘾的专业援助。

一个正常的普通青少年怎么发展成一个毒瘾者的？

多年来，罗宾·巴内特博士在新泽西州经营着一家戒毒所，成千上万名青少年曾经在此接受过治疗。我们问她戒毒所收治的青少年染上毒瘾的过程是否有着相似之处。巴内特说有一个染毒过程的描述被重复了不止数十次，也不止数百次，而是成千上万次。那么青少年染上毒品有没有其他途径呢？当然有。但是，迄今为止青少年染上毒瘾有一条最清晰、最可能的途径。

第一步：感到无聊。

他们没有参加任何能满足自己兴趣、归属感和自由等本能需求的课外活动。这让他们感觉生活缺少成就感和意义。

第二步：接触到了你的药箱。

大多数家长在接受调查时认为，青少年首次接触非法药品最有可能的是某个聚会上某个朋友介绍给他们的。而专家的看法不同：绝大多数孩子吸毒始于家长的药箱里大夫开的止痛药。这是最容易接触到毒品的地方。青少年知道他们这样做几乎或根本不可能被大人当场逮着，而且不用花钱，他们只需要知道要找哪种药并将其服用，事情就这么简单。

第三步：药丸起作用了。

青少年不会一开始就吸食烈性毒品。药丸看似无关紧要，而且会使你的孩子感觉良好。止痛药会缓解人内心的焦虑、紧张或抑郁。当青少年偶然发现有东西竟然可以马上缓解这些症状时，他们会喜出望外。

第四步：把一整瓶药用光了。

到这时，你的孩子在积极地体验这些药片带给他们的感觉，但是药品总是有限的。

第五步：试图买到更多的药丸。

所有数据显示，青少年所用毒品的提供者很可能是他们在学校里认识的人。问题是，这些处方药很贵（比如，盐酸羟考酮控释片剂每片价格大概在30~40美元），所以，青少年们开始想办法偷父母的钱。但是，偷来的钱总是有限的。

第六步：找到一种比阿片丸便宜的替代品。

当得知阿片类药片比如盐酸羟考酮控释片剂在街头售价过高时，墨西哥的药品卡特尔做了两件事：他们先大幅增加毒品海洛因的产量（其制造要简单得多，成本也低得多），然后建立网络将其销往美国各地。到2015年，在纽约市一包香烟的价格是10.29美元，与此同时一包（含一次吸食的剂量）海洛因的价格大约是10美元。

第七步：开始尝试吸食海洛因。

有人会告诉你的孩子，海洛因通过静脉注射极易让人成瘾，而用鼻吸（粉末状）或口吸时则不那么容易上瘾。这种说法基本上不正确，但是你的孩子会相信。这样，他们或者用鼻吸一条粉末状海洛因，或者抽一支含有海洛因的大麻烟卷。毒品通过鼻腔和窦道进入血液，几乎瞬间产生了兴奋感。从此，他们在身体上已经对毒品产生依赖了。

第八步：耐药量不断增加。

海洛因与大脑中的阿片受体细胞结合后会阻断疼痛感并且使人镇定下来或体验到快感。在分子结构上，海洛因与吗啡密切相关。当青少年吸食海洛因时，他们的身体会将毒品迅速转化为吗啡，吗啡能让人瞬间感受到强烈的愉悦感和极度的放松。但是海洛因被药品执法局划分为一类管制品，被定义为目前不能入药且具有高度滥用可能性的毒品。用不了多久，青少年的大脑就会适应海洛因的作用，并习惯提高了的类罂粟碱水平。这时，他必须依靠更多的海洛因才能达到先前的快感。

第九步：有人教他使用针头。

慢慢地，当青少年需要越来越多的海洛因才能达到同样的快感时，有人会建议他尝试把海洛因直接注射进血液中。至此，他在身体上已经无法离开这个星球上最危险最使人上瘾的毒品之一了。此时，青少年的大脑在不断地寻求平衡状态，试图通过激发对海洛因强烈的渴望来努力恢复先前的类罂粟碱水平。因为这种渴望的剧烈程度和停止吸毒时产生的巨大痛苦（众所周知海洛因难以戒绝），使青少年根本无法克服对海洛因的极度依赖，至此他已经成了一个彻彻底底的成瘾者。

这下我们清楚了：简单描述通往吸毒成瘾之路的目的不是要吓唬你或暗示上述情况不知为何总是无法避免。不是的。有力证据表明——经研究证实的证据——家长和有爱心的成年人能够改变、中断甚至逆转这条道路。国家药品滥用研究所发现防止青少年吸毒的最有力的制约因素之一是父母的爱护，同时他们发现父母的监督对于预防青少年吸毒很关键。作为一名父亲／母亲，你比自己意识到的更重要，比自己感觉到的更有影响力。不要怀疑自己的影响力，积极参与进来。

青少年群体状态：毒品的使用

以下有关青少年行为的数据是由美国疾病控制预防中心下属的青年风险行为监控体系发布的。这些令人警醒的数字显示了毒品使用在青少年群体中广泛存在，应当给我们所有人敲响警钟。

63.2% 的高中生都喝过酒

38.6% 的青少年曾经吸食过大麻

32.8% 的青少年目前在饮酒

21.7% 的青少年说有人在校园里向他们提供、出售或给予非法药物

21.7% 的青少年现在吸食大麻

17.7% 的青少年一次连喝五杯或更多的酒精饮品

17.2% 的青少年在 13 岁前第一次喝酒

16.8% 的青少年在没有医生处方的情况下服用处方药

7.5% 的青少年在 13 岁前尝试吸大麻

7.0% 的青少年曾使用吸入剂

6.4% 的青少年曾使用迷幻药

5.0% 的青少年曾使用过可卡因和摇头丸

4.3% 的青少年一次连喝十杯或更多的酒精饮品

3.0% 的青少年曾使用脱氧麻黄碱

2.1% 的青少年曾使用过海洛因

1.8% 的青少年曾静脉注射过非法药物

5. 我担心孩子在发送色情短信

特别感谢领英情绪健康服务公司的儿童及青少年心理学家哈尔·皮克特博士，他就该话题的一些细节给出了咨询意见。

挑战

凯丽觉得扎克很性感，当扎克向凯丽要了电话号码后，他们开始通话，开始用快照软件分享彼此的照片。他们开始约会。扎克让凯丽送他一张性感照片，于是凯丽就拍了一张。扎克还想要一些，于是凯丽站在浴室镜子前拍了一张自己的全身裸照，她把照片发给扎克，扎克看完照片后截图保存了起来。凯丽认为扎克已经将照片删除了，而事实上扎克把它保存到了自己的手机里。几周后，扎克和凯丽闹崩了。扎克就将那张裸照发给了他的朋友——以前跟凯丽做过朋友的一个女孩。这个女孩在照片上加上一些文字。"呵，注意啦！"她写道，"如果你认为这个女的是个婊子，那就把它发给你所有的朋友。"然后她选中手机上一长串的联系人，再点击发送。

不到 24 小时，凯丽的裸照就传遍了四所中学，就好像她曾一丝不挂地漫步于这些学校的走廊一样。成百上千，或许成千上万名学生都看到了这张照片。

就这样凯丽的生活被彻底改变了。

每年，在全球各地的学生中，此类事件成百上千次地发生。即使情况不像扎克和凯丽的故事那样令人恐怖和影响广泛，但是类似事件的报道仍然屡见不鲜。

所谓的色情短信，指的是用手机给别人发送露骨的色情图片或者信息。据调查，高达20%的青少年曾参与发送过色情短信，尽管不同研究之间差异很大，但大约10%的青少年曾经发送过色情图片，更有多达20%的青少年曾收到这样的图片。

近年来，随着互联网的普及，青少年收到越来越多数不清的色情图片。所有的数据和研究结果都表明，发送色情短信确实有害，而且会严重影响青少年的生活。下面的内容会教给你如何帮助孩子避开这些灾难性的后果。

你的目标

防止自己孩子的裸照被传到网上，避免这种灾难性情况的发生。

会发生什么

孩子或许并不知道发送色情短信是非法的，或许你也不知道。但是在事发各州，发送色情短信都带来了法律后果。在很多州，如果青少年发送年龄不足18岁的人的裸照（即使是自己的），那就构成了传播儿童色情信息罪。此外，不同的州对于"承诺年龄（即从法律角度讲，青少年可以决定自己性行为的法定年龄）"有不同的规定。比如，在明尼苏达州承诺年龄为16岁。所以，如果一个17岁的人正在与15岁或年龄更小的人约会，那么他们之间交换色情照片就可能涉及法律后果，比如引诱未成年人罪或其他成文法典规定的罪行。理论上讲，这可能会导致年龄较大的一方被控诉涉嫌性侵犯并被记录在案。

要说明的是，尽管大多数青少年知道发送色情短信不好，但他们不知道这是非法的。

发送色情短信的问题很复杂，在情感的处理上也很棘手。有时候，青少年甚至根本意识不到发送色情短信有什么问题，他们这样做只是为了寻求快感，激发性欲。但是有时候事情会变得越来越糟糕。当发送色情短信惹出麻烦时，一般是女孩会受到伤害。

首先，女孩子们更有可能需要应对让她们反感的色情短信。同时，她们更容易受到来自同伴的压力：男生或她们的男朋友会要求她们发送色情短信（"给我一张照片"），有时她们还会受到一些爱挑逗的女孩的压力（给他发张裸照，这是你找到男朋友的唯一方式）。更糟糕的是，一旦发送色情短信惹出了麻烦，她们就成了典型的受害者。总体情况是这样（当然也有男孩子是受害者的情况），但是就发送色情短信而言，我们的社会似乎有一条根深蒂固的双重标准，遭受羞辱的往往是女孩子。

当女孩的一张私照被原定接收人以外的人分享时，不管是陌生人还是要好的朋友，绝大多数女孩都会感觉受到了侵害。事实上，心理学家和咨询师分析，色情短信事件所造成的心理创伤与真正的性攻击造成的心理创伤有许多相同之处。

如果你发现孩子在发送色情短信，你需要保持镇定。大多数家长发现孩子与另一位青少年单方或互相发送暴露的照片或露骨的短信时都会有激烈的情绪反应，这是可以理解的。有这样的情绪原因有很多。你可能会大发雷霆，因为你想保护他们，你清楚在我们这个数据时代，发送色情短信有多么危险，而他们却很可能不知道。另一个原因是你不得不面对这个严酷的现实，你的小男孩或小姑娘是一个有性需求的人。但是不管原因如何，一定要记住：当你在处理这些问题引发的激烈情感时，要避开孩子。哭喊、吼叫、尖叫、咆哮对谁都不好，也包括你自己。

怎么办

1. 帮助孩子明白：发送色情短信并不会让别人真正喜欢上你，尽管它会让别人注意到你的身体，但是一个人最重要的并不是肉体，而是心灵、思想、情感、梦想和抱负等。那才是真实的你，才是你最重要的部分。告诉孩子，如果有人仅仅想了解她的身体而根本不在乎其他方面，那么这个人根本不值得她花时间去交往。借用一句网络名句："如果你的男朋友仅仅因为你的胸、腿和屁股而想跟你在一起，那么打发他去肯德基吧。你是人，不是特价的套餐。"

2. 直截了当地告诉孩子："不要给自己拍裸照，更不许发给别人。"对于青少年而言，他们对发送色情短信的了解和所受到的相关教育少得可怜。所以，在你给孩子一部手机之前，告诉他们这句话"不要给自己拍裸照，更不许发给别人"，解释清楚为什么这一点很重要。

3. 如果双方自愿的色情短信已经收发，那么要见机行事。最重要的一件事情就是找一位两个涉事青少年都信赖的成年人与他们共同谈论此事可能造成的后果。如果处理得当，这样的谈话会产生积极效果并能真正地帮助到孩子们。如果你认识另一个孩子（特别是另一个孩子的父母），不妨约一下他们，看能否坐在一起好好谈谈。但是如果你认为另一个孩子的父母（或父母的一方）不通情达理或满不在乎，就不要这样做。注意要让另一个家庭有时间去了解并考虑此事。跟你一样，他们也需要时间来从最初的恐慌和震惊的心态中走出来，从而能够冷静地谈论此事。所以，开始时要冷静分析形势，但是一定要有一位成年人与当事的两个孩子开诚布公地谈话。

4. 如果双方自愿的色情短信已经收发，并且惹出了麻烦，要准备好换位倾听。大多数情况下，父母和其他成年人介入时都会准备给孩子们讲大道理，但这样做并不见得奏效。你需要营造一种氛围，让孩子自愿讲出心里话。以下问题不妨做个参考：

- 现在你对此事有什么感受？
- 你清楚跟这件事情相关的法律吗？
- 你当时是不是不得已才做这件事的？
- 你需要从我这儿获得什么帮助吗？你想让我做什么？

5. 如果色情短信收发已成事实，而且你孩子的照片正在网上疯传，那么要寻求专业的帮助。重申一下，这是最坏的结果，要采取一切手段防止这种情况的发生。但是，如果这种情况已经发生，你必须带着孩子去见专业咨询师，请他们帮忙处理这件事。

6. 我担心孩子正在自残

特别感谢家庭和人际关系心理治疗医师弗兰·沃尔菲斯博士，他是该话题的专家撰稿人。

挑战

在"第一种思维模式：青少年比看起来更需要你"这一章里，我们讨论了霍尔顿·考尔菲德，即美国作家杰罗姆·大卫·塞林格在《麦田里的守望者》里刻画的那个不靠谱的主人公。多年来，霍尔顿已经成为青少年叛逆和焦虑的代表人物，但不幸的是，他也被严重地误解了。

尽管在许多方面，霍尔顿和其他青少年一样，是一个矛盾的集合体，但是在一个关键方面他有着明显的不同。他的内心深处隐藏着大多数青少年难以理解的伤痛，那就是他心爱的弟弟阿利因白血病去世了。在那本书最温柔和最具启发性的部分中，他回忆了阿利去世的那个夜晚。

那个晚上霍尔顿睡在他们家的车库里。因为在情感上未能得到父母的安慰，霍尔顿无法承受内心巨大的悲痛，于是，他像一头突然发怒的受伤的野兽，用一个拳头打碎了车库所有的玻璃。唯一没打碎的是家里客货两用车的车窗玻璃，原因是他的手已经被割伤了，流着血，伤得很严重。再次回忆起当时的情景时，霍尔顿承认那样做很愚蠢，但随即辩解道："你不了解阿利。"

这次暴怒给霍尔顿的一只手造成的伤害是永久性的，他坦然承认那只手直到现在仍然无法握拳，而且下雨天有时会疼。他对这次伤害带来的终生影响不屑一顾，说反正自己从未打算做一名外科大夫或小提琴演奏者，但是我要说的重点是，阿利去世的那个夜晚破碎的不仅仅是霍尔顿的心灵。

这个片段描述了典型的霍尔顿，同时也描述了典型的青少年。当青少年面对难以想象的情感压力却得不到可信赖的成年人的帮助时，他们常常会采用一种被称为自我伤害的不当应对方式。

非自杀性的自我伤害，通常被简单地称为自残，指的是故意伤害自己身体表面的行为，比如割伤或烧伤自己。最近的一些社区研究发现，1/3到1/2的美国青少年曾进行过某种形式的自残。

但问题是，尽管割伤自己的身体（以及其他形式的自残）与自杀行为明显不同，但是它频繁地发生在经常考虑或尝试自杀的青少年的身上。父母和其他成年人需要认真对待孩子的自残行为并且了解其危险性，无论在生理上还是在心理上。

会发生什么

经常割伤自己的青少年会使用刮胡刀片在手腕和肘部之间的手臂上划出小口子，切口一般与手腕平行，而不是纵向的（纵向割伤更危险而且是一种企图自杀的标志）。这种情况下，孩子往往会试图遮盖伤口，所以即使在没有必要穿长袖上衣的情况下，他们也会这样穿着。

细思这种行为对孩子可能造成的后果会让你深深地不安。很多青少年说割伤自己会让他们感到很舒服。但是割伤自己和自我伤害被认为是"适应不良的"，意思是这些方式是不合适、于事无补或者不健康的应对机制。可以预想，割伤自己对孩子不会有什么帮助。它是一个极其危险的信号，父母们必须予以重视。对父母来说，这个问题尤其棘手，因为如果你想跟割伤自己的孩子谈论此事，他们常常会说你在小题大做。然而有关研究表明，虽然割伤自己曾经被认为是一些人缓解压力的办法，但是人一旦降低对自杀念头和行为的抑制，它就会导致更加危险的行动。父母应该立刻寻求帮助。

这种行为也会让父母深深地不安。这很难下笔，但是在与无数咨询师和心理学家交谈过程中，我们得到的是这个严酷的事实：割伤自己的孩子或青少年实际上是在与内心的痛苦做斗争，他们觉得在家里找不到一个温暖、安全的地方诉说自己的痛苦。孩子割伤自己是因为他们觉得太孤独、被人抛弃或者被自己生活中的成年人视而不见。

怎么办

1. 与过去的羞耻、内疚和否定做斗争，分清事情的轻重缓急。很多家长发现孩子在自残的时候，他们会面临一些痛苦的想法。首先，自己的孩子可能会自杀，这样的念头让他们深感痛苦。这样的想法是许多父母无法承受之痛，所以他们在内心会极力地淡化这种可能性。千万不要这样做。其次，许多父母开始问一个问题："我哪儿做错了？"他们认为孩子陷入了麻烦说明大人做得不好。不要因为害怕陌生人会怎么想就拒绝寻求帮助。还有，不要过于自责，人无完人。你只能给予他们你已经拥有和曾经的一切，在这一点上你已经尽了全力。认清事情的轻重缓急：为了孩子，也为了自己，赶紧寻求帮助。只有这样，你和孩子才有可能痊愈。

2. 消除房子里的安全隐患。如果你发现孩子在割伤自己，你要做的第一件事就是拿走所有危险物品来保证孩子的安全。把家里所有的刀片、切割装置、刮胡刀片、小刀或其他尖锐的物品都放在安全的地方。

3. 寻求专业帮助。千万不要批评。千万不要评判。千万不要责骂。千万不要指责。千万不要讨价还价。只要帮助！碰到这种情况，父母应该立刻主动寻求专业帮助，你自己无法解决这种问题的，明白这一点就行。应对习惯性割伤自己（或其他形式的自残）的青少年已经超出了普通父母的能力范围。你需要专业人士的帮助。阅读"如何说服你的孩子获得帮助"部分，里面阐述了如何选择理想的咨询师以及如何说服孩子去咨询。

去见专业咨询师的好处不胜枚举。首先，对在痛苦中煎熬的孩子来说，会有一位敬业的专业人士倾听他们的心声，这个过程本身就有极好的治疗效果。其次，孩子们会经常参加小组治疗，而这种小组体验对孩子的作用是巨大的。当孩子置身年龄相仿且有着同样感受的青少年当中时，他们在别人的身上看到了自己的影子，知道自己并非特例，这时他们会感受到强大的动力。

此外，随着咨询的进展，孩子们会接受相关训练，逐渐掌握一系列实用的策略。当他们感觉无法自控的时候，就会求助于这些策略，包括应对强烈情绪的方法（画图、画油画、写日记），自我抚慰（洗澡、听舒缓的音乐），驱散孤独感（给治疗师或朋友打电话），释放紧张（全身心投入锻炼、撕纸张、握压力球）和驱除麻木感（咀嚼味道强烈的东西，如肉桂口香糖或者柚子皮）。亲眼看着毫无生气、常常感到绝望的孩子逐渐地变成一个充满活力的年轻人，这值得你付出一切。

7. 我担心孩子压力过大

特别感谢态度·和谐·达成（AHA！）[1]青少年项目执行理事珍妮弗·弗雷德，她就该话题的一些细节给出了咨询意见。

挑战

心理学家劳伦斯·J.科恩在其发表在《时代周刊》上的文章《那些焦虑的孩子的故事》(*The Drama of the Anxious Child*)中写到，他在20世纪80年代早期学习心理学时获知，在任何一群孩子中，大约有10%~20%的孩子本能地对新的或不熟悉的东西感到不安或紧张。其中一些孩子进入青春期后对发生的新情况会不由自主地感到更紧张和不安。但是在20世纪80年代，青少年中只有很小比例的人（1%~5%）会发展并被确诊为焦虑症。

如今，天生害羞或过分谨慎的孩子所占的比例可能没有变化（10%~20%），但是根据全国心理健康学会的调查，被诊断患有焦虑症的年轻人的比例已经攀升到了25%。

教育学家发现当今越来越多的学生患上了抑郁症、焦虑症和社交恐惧症。他们说，学生群体中心理疾病已经明显加重，而且有向年龄更小的孩子蔓延的趋势。许多孩子已经默默地忍受了多年心理疾病的困扰。

发表在《北美精神病临床》(*Psychiatric Clinics of North America*)上的一项研究确认："一系列的研究令人信服地证明焦虑症已经成为儿童和青

---

[1] AHA! (Attitude.Harmony.Acheivement.) 态度·和谐·达成非营利性组织。

少年最常见的心理障碍。"

究竟是怎么回事呢？为什么如今的孩子承受的压力更大，抗压能力变低，而且一直处在轻度焦虑中呢？我们这些有爱心的成年人怎么样才能帮助他们呢？

告诉你一个好消息，你和孩子可以采用一些相当简单的步骤就能极大地缓解他们的焦虑和压力。

你的目标

帮助孩子用一种健康的方式应对压力和焦虑。

会发生什么

弄清楚轻度焦虑和压力在青少年身上的表现，以下是一些常见的迹象：

- 烦躁不安或感到紧张不安
- 动不动就觉得疲倦
- 难以集中精力或彻底放松
- 易怒
- 肌肉紧张
- 难以控制焦虑
- 睡眠困难（入睡难、睡眠浅、容易醒或睡眠质量不好）

每个青少年都要应对不同程度的焦虑。① 对于青春期的孩子们来说，光是这个阶段身心的急剧变化就让他们难以应对，这本身就是一种

---

① 我的意思是，想想吧，当你想成为她/他眼中那个最迷人、最优雅、最酷的人的一瞬间，自然母亲释放出了青春期那无所不催的力量。

焦虑。此外，现代社会还以各种你可能不完全理解的方式给他们的生活添加了新的压力：

- 申请大学的竞争明显加剧。这就导致中学里的竞争更为激烈，压力变大。
- 青少年的日程安排过满。他们忙于应对家庭作业、大学预科课程、体育实践、音乐和学生自治会等课外安排、学术能力评估测试作业、女朋友和男朋友、工作和朋友，缺少可自由支配的时间。
- 正因为没有时间"无所事事"，无法享有消化新体验所需的"停机时间"，青少年们常常感到焦头烂额。
- 现代经济给家庭造成了很大的压力，从而也给孩子们增添了压力。
- 几乎一刻不停的娱乐选择让青少年不断追求"从不感到乏味"，而这几乎是不可能的。
- 青少年生活的一部分就是与他人交往。但是在社交媒体创造的各种环境中，不是过分强调青少年自我意识的即时满足，就是批评、侮辱和否定他人的机会。这个问题很难解决。
- 各种数码设备，这种人们精心挑选的应对机制，事实上并不奏效。生活在这个高度数字化的时代里，青少年会感到前所未有的孤独、焦虑和压抑。

怎么办

1. 缓解焦虑最持久可靠的方法就是陪孩子一起享受没有屏幕干扰的时光。排除了屏幕的干扰就给有意义的对话创造了条件，这会让孩子们有时间认识自己的情感，还能大大增加他们向你倾诉自己所思所想的可能。关注孩子，让他们感觉到自己受重视，自己的心声有人倾听。交谈中帮助孩子处理纷繁复杂的生活。这会让他们感到宽慰，焦虑得以缓解。而且，倾心交谈有助于孩子感受到自己与他人之间的情感纽带。最后，专心陪孩子其实也就教给了他们降低焦虑和获得快乐的最健康最有效的策略：与他人建立情感联结。

  2. **鼓励孩子拔掉电源插头**。根据凯瑟家庭基金的一项媒体研究，青少年一天要花九个多小时来消费媒体。九个小时！这种过度连接，包括不断的信息提示、刷新页面、担心"他们喜欢我的帖子吗？！"就是造成紧张的部分原因。督促孩子主动离开屏幕。（"妈妈，接下来干吗，我们自己做黄油？"）只不过是一段时间，因为那是他们所需要的。而且，说实在的，这并非只是孩子们的事，不是吗？所以一定要带头行动起来。

  3. **一起做些事情**。当孩子（和你自己！）拔掉电源插头后，一起出去，利用你们挤出来的大把时间做些事情。我们采访了很多家长，向他们讨教了一些非常好的活动。下面是我见到的最好的点子。

- 跟孩子一起到大自然中走一走。这种悠闲地和大自然纯朴之美的约会，会让孩子耳目一新。
- 去野营。你需要和孩子一起协作，考虑去哪儿，想好带哪些物品，然后一起做准备。显然，这样的活动也是极具任务导向的，而且要付出体力劳动（搭建帐篷、生火等）。
- 一起动手，做一顿特殊的饭。太多的青少年根本不知道怎么做饭，而实际上这是一项很实用的技能。做饭需要各种感官的协作，而且，它本身就是一项让人们拉近相互关系的协作性活动。
- 如果孩子好动而你又擅长手艺活，那么一起在家里做一个项目吧（粉刷房间，制作露台上用的家具等）。
- 如果你和孩子都有艺术天赋，那就一起进行艺术创造。一起参加绘画或者摄影课（你们都感兴趣且可以一起分享的东西）。

- 一起做些运动，比如骑自行车或学习冲浪。报名参加一次慈善赛跑活动并且一起训练。
- 想办法一起做社区义工。孩子们会学着在活动中寻找意义而不是简单的快乐，这对他们的长远发展有着潜移默化的好处。所有人都会因为帮助他人而感到快乐。

如果你们将这些想法付诸实践，就会发生下面的事情。这个过程会涉及到一个心理学名词，叫合作管制，意思是父母和孩子会因互相帮助而感到更加快乐。最典型的例子就是母亲和新生儿。母亲对婴儿极为体贴，用轻柔甜美的语气对着婴儿讲话。婴儿听到后会咿呀回应，会咯咯地笑起来。这又会让母亲露出笑容，亲吻孩子，而孩子则会用微笑回应。母子俩在用一种无法言喻的积极方式互相帮助。这是人类交流的奇迹。我知道，你的孩子已经不是婴儿了，但青少年仍然需要安慰，需要有人去倾听他们的心声，需要有人鼓励他们。

青少年与科技产品带来的麻烦

画面渐显：室外——傍晚，一座公寓大楼。

画面溶至：室内——一个普通家庭的房间里。

沙发上，正抬头看过来的是莫妮卡（她15岁，黑头发向后梳着）和利布（莫妮卡的弟弟，13岁。身上的针织运动衫太大，让他显得有点笨拙）。在他们面前来回踱步的是他们的妈妈。

利布：我说，这个会是谁要开的啊？

妈妈：是我。

利布：妈妈，你闹着玩的吧。

妈妈：我们需要做一些改变。作为你们的妈妈，我觉得我有这个责任。

莫妮卡：什么样的改变？

妈妈：关于这个的改变。（她掏出手机晃了晃）这个！

利布：哦。你不喜欢三星手机？那买一部苹果手机吧。

妈妈：不，这个就行。哦，不，我不需要新手机，我不需要手机！

莫妮卡：你不需要手机？

妈妈：我不需要任何手机。这个东西，（指着她的手机）这个东西正在控制我们的生活。不！它正在毁掉我们的生活。

莫妮卡：我觉得，它不会毁掉……

妈妈：错。你看那些调查了吗？我看了。我不会让这些产品进入我的家里，把我的孩子变成不动脑子，情商低下，无法在现实中跟真人交流的麻木迟钝的人。我可不想让你的注意力变得像小飞虫的注意力那么短。

莫妮卡：不好意思。你刚才说什么来着？

妈妈：这可不好笑！

利布：对，你说对了。当妈妈失去理智时没什么好笑的。

妈妈：你怎么不说是我重新找回理智了呢？嗯？

利布：(看看他的姐姐) 没，你糊涂了。

妈妈：好，从今天起，不准再用手机！不准上网！不准看电视！家里什么都不准用！

莫妮卡：哇，什么？

妈妈：我要切断所有的电线。我们要脱离网络！

利布：妈妈，我好像记得大概30秒钟前你跟我们说要做黄油来着。

妈妈：好主意。但不要跟我耍滑头。

莫妮卡：那我们怎么摆平疑难问题的争论呢？

妈妈：比如说？

莫妮卡：比如说，奶油夹心蛋糕是不是真的是蛋糕。

利布：它们不是蛋糕。

妈妈：(吃惊) 它们不是蛋糕？

利布：不是。它们从来用不着烤箱，它们是注入化学催化剂的复杂脂类。

妈妈：这就是我们需要切断电源的原因了，因为它并不是天然的。

莫妮卡：妈妈，那我怎么做作业啊？

妈妈：老办法。一根铅笔、一张纸和一个算盘。

利布：算盘是什么？

莫妮卡：我想是款应用程序（APP）吧。

妈妈：这样会改善我们的生活。

利布：妈妈，我怎么跟朋友交谈呢？

妈妈：去他们家里，骑自行车去他们家，就像我小时候那样。

利布：你是说脚踏车那种东西？带脚蹬的？我能打优步吗？（自言自语）不行，我无法呼叫优步，我没有手机了。

妈妈：这会让你省点儿心。

莫妮卡：妈妈，这不合实际呀，科技是生活的一部分啊。

妈妈：科技不是天然的。

利布：塑料也不是天然的，你没法不用塑料制品的。

妈妈：塑料不会腐蚀你的脑子，也不会毁掉人际关系。

莫妮卡：我觉得某人的脑子已经被腐蚀掉了。

妈妈：我听过这句话。

莫妮卡：确实有道理。

利布：妈！我想专修计算机科学，那我就得使用电脑啊。

妈妈：不许顶嘴。我们现在不考虑那个。

莫妮卡：我明白了，妈妈，你是让科技产品给吓坏了。不要紧张，我们可以定一些规则，你这样做太极端了。

妈妈：不到万不得已，不做万不得已的事。我是不会把我的孩子们交给科技产品的。

利布：你是不会，你会用老办法失去你的孩子们的，我们会通通疯掉。

妈妈：我不允许科技毁掉我的家庭。

莫妮卡：没事的，妈妈，我想我们可以折中一下。

妈妈：不行！机器就是我们的敌人，科技就是我们的敌人。

利布：听，是莎拉·寇娜。天网还没有打开。

妈妈：机器就是我们的敌人！

旁白：跟许多父母一样，这位妈妈为日新月异的技术对孩子的影响而感到害怕。下面是关于你如何帮助孩子在不受技术控制的情况下利用技术，以及如何帮助他们成为负责任的数字公民。

1. 健康的屏幕时间限度

特别感谢哈佛医学院精神病学教授，马萨诸塞州总医院青少年健康心灵克莱中心的执行董事吉恩·贝雷森博士，他就该话题的一些细节给出了咨询意见。

挑战

1920 年，当收音机开始流行时，一些人把它看作一个新的通讯时代即将到来的前兆，但另一些人视其为"洪水猛兽"。许多人认为在家听音乐或戏剧将取代去剧院和公园里听，而这将使音乐的公共体验最终彻底消失。

但是直到 1950 年，青少年开始用收音机收听自己喜欢的音乐并且通过这种共同的体验，一个完整的音乐流派就此诞生了。青少年利用收音机来建立联系，这些方法在成年人看来必定会毁灭现代世界。

1948 年，全美有 3000 万部电话。截至 1960 年，这个数字达到了 8000 万。青少年放学后会先去同学家里玩，晚上回到家后还要通过固定电话聊上几个小时，这让他们的父母再次感到忧心忡忡。

回到现在，皮尤研究中心发现 12~17 岁的青少年中，88% 的人有手机，92% 的人每天都上网。

事实 1：青少年总会使用最新的科技产品相互联系。

事实 2：父母总在为这些最新科技产品对孩子的影响而感到担忧。

青少年迷恋科技产品，这是因为科技产品会帮助他们聚集到有其他青少年但没有父母的地方（无论现实中，还是虚拟的）。这么做的部分原因是青少年的心理驱动是走向自主和认同。青春期是孩子探索自己与父母的不同之处，以及自己与同伴相同之处的一段时期，与其他青少年交往会对他们的探索有所帮助。

今天，足足有90%的青少年在网上交流。大约63%的青少年每天用短信交流（这一数字很可能会持续攀升），50%的青少年每天至少登录一次社交媒体，而22%的青少年则高达十次以上。与此同时，成年人，譬如他们的父母和祖父母，却在为科技对孩子们成长的影响而忧心忡忡。

生活在数字时代，父母（和其他关心孩子们的成年人）如何帮助青少年安全健康成长呢？与科技产品的交集多少为宜呢？到什么程度科技会伤害到青少年呢？

你的目标

帮助孩子成为一个全面发展的，能够与科技产品共存但不被其左右的人。

会发生什么

反抗：几乎88%的青少年用手机上网。对他们来说，手机并非科技设备，而是交际设备。他们主要通过科技产品跟朋友或同伴保持联系。（青少年也会使用科技产品来消费无数的宠物表情包，我也这样，所以不做评判）

所以，当你开始讨论对孩子的手机做出限制时，他们觉得你是在对他们的友谊和认识世界的能力进行攻击。这种感受是有道理的。想想，如果让你把手机调成飞行模式长达好几个小时，你难道不觉得烦躁不安吗？明白了这一点，那么在谈论孩子用手机的时间限制时就要设身处地为他们考虑。要跟孩子解释，你知道用手机与朋友交谈和交往对他们来说是多么的重要，但拥有手机是他们的一个特权而不是应得的权利。如果你承认他们的需求，并且诚恳地讨论你的担忧，你会收获很多。记住，在这一点上你掌握着主导权。手机就是他们的命根子，利用这一点与孩子共同商定一些清晰合理的规则。我会在本章稍后部分告诉你具体如何去做。

所有父母都想知道，每天孩子使用科技产品的时间具体应该以多少分钟为宜。成年人担心有那么一个神奇的限度，如果孩子吸收的媒体信息超过了这个限度，他们就会变成没有思想的机器人。但是，要确定一个适于所有人的时间限度要考虑的变量实在是太多了，根本不存在这么一个神奇的限度。这就像问："我该从银行账户上取多少钱呢？"对某个人来说，取 100 美元正好。但是对另一个人来说，取 100 美元太多了。关键要看每位青少年独特的学习方式，注意力稳定性，处理信息的速度，以及完成生活中其他重要目标的能力，所有这些构成了一个远比简单的时间限度微妙得多的综合体系。确定这个时间限度需要父母对孩子进行密切的观察，应该基于父母的直觉和孩子整体健康，而不仅仅是一个说不清道不明的数字。

怎么办

1. **了解孩子**。家长问的第一个问题总是：我家孩子每天最多可以花多少分钟在屏幕上啊？这是个很好的问题，但是有个更好的问题是：我家孩子在处理最紧要的事情上进展怎么样啊？这些事情包括：

- 学业优秀
- 参与家庭事务
- 花时间与朋友在一起

- 花时间从事自己的爱好
- 进行足够的锻炼
- 有足够的睡眠

如果孩子不与他人交往，不与朋友或家人交流，却花大量时间在自己房间玩手机，这就是个危险信号。如果孩子为了玩电子游戏而不吃饭或不参与家庭活动，这也是个危险信号。如果孩子彻夜不睡或者早上困得起不来，这同样是个危险信号。还有，如果孩子的成绩正在下滑，那么上述各种情况表明，你需要认真考虑孩子使用科技产品的健康问题并跟他好好谈谈了。

一旦孩子花在屏幕上的时间影响了他们的健康成长，这个时间就有问题。试着回答这个问题："我的孩子在发展社会适应能力的关键方面做得怎么样？"如果他做得很好，你还得问自己："我为什么要为此担心呢？"答案是"或许你不应该为此担心。"但是，如果你对孩子的总体健康有不好的直觉或者怀疑，那么或许你应该认真考虑此事并与孩子进行深入的交谈。

2. **晚上不能用手机**。青少年喜欢晚睡是有其生理原因的。每个人的大脑中都有一组被称为视交叉上核的神经细胞，这些细胞就像时钟一样会告诉人的身体什么时候该清醒，什么时候该休息。奇怪的是，尽管人在青春期所需的睡眠仅次于婴儿时期，但在这个阶段，人的生物钟和昼夜节律却比其他任何阶段都要晚。青少年的大脑更适合在夜间处理信息并巩固白天学习的内容。所以，如果你的孩子是个夜猫子，那很正常，那是由生理原因造成的。

上面是个好消息。坏消息是当人的视神经接收到屏幕（任何屏幕）发出的紫外线光时会向大脑发出信号：现在还不到休息的时候。实际上，此刻已经是晚上十点了，外面已经漆黑一团。所以，看屏幕会干扰孩子的睡眠。

不要让孩子在晚上使用手机，这会造成他们晚睡。一个办法就是在家里专门辟出一个充电的地方，每天晚上 8~10 点之间就可以让他们把自己的手机、平板电脑以及其他电子设备放到那个地方充电。这样不仅让孩子在晚上不再老惦记着这些屏幕设备（给朋友们发信、无休止地浏览视频网站之类的行为），而且有助于让他们的睡前节奏慢下来。

我在家里曾以身作则，专门限定好自己使用屏幕设备的时间并且告知家人约束我。

3. 利用媒体引入有意义的谈话。如果你和孩子已经就媒体消费确定了令你们满意的基本原则和时间限度，那就要利用媒体及时了解孩子的所思所感，谈论他们看到的内容。如果你很灵活而且机敏的话，你就能抓住时机，故作不经意间跟他们好好地聊聊。有三个重要的时间段可以让你很轻松地跟孩子聊他们在媒体上看什么：开车时、吃饭时和晚上时间。比如，你可以问孩子：

- 我知道你特喜欢那部电影，是什么让你这么着迷呢？
- 那个角色啊——有些人觉得他并不是个英雄，你觉得呢？
- 真有意思，我们俩都喜欢这部剧，你为什么这么喜欢它啊？
- 大家都在议论某某名人说的那些话／做的那件事，你怎么看啊？
- 你看到（插入最近的新闻或政治事件）了吗？群情激奋啊！你觉得人们是不是做得有点过了？还是他们有道理啊？

问问孩子他们喜欢哪些乐队，向他们要一段该乐队的视频。让孩子就他们关注的新闻事实发表看法。你们甚至可以讨论媒体本身，问你的孩子：

- 你觉得我使用媒体的习惯怎么样？
- 你注意到我做的事情哪些是健康的或者不健康的？

接下来你就听着，让孩子就你的生活发表看法本身就是对他巨大的激励。孩子需要父母的帮助来掌握科学使用媒体和进行社会交往所需的技能。谈话是帮助他们的一个非常好的办法，同时也是进行有意义交流的好办法。

2. 帮助孩子斟酌他们在网上发布的内容

挑战

某一时刻，你的孩子会从一个通过网络观看视频和听音乐的消费者变成一个网络内容的创造者。年轻一代对参与并促进社交网络的热情高涨，有55%的青少年曾在社交媒体网站上发布过自拍照。根据皮尤研究中心的调查结果，年龄在12~17岁之间的青少年互联网用户中，27%的人曾经在网上发布过自己拍摄的视频。

互联网已经成为一种强大的社会联结形式，它让人们以无法想象的速度进行自我表达，但是问题也层出不穷。

几年前，在一家汉堡王连锁店，一位来自克利夫兰在此打工的青少年拍了一张照片，照片中他把双脚伸进了一个盛放莴苣的箱子里，而莴苣是做汉堡的食材。他把照片匿名贴到了网上。没事是吧？错。汉堡王连锁店负责人看到了这张照片并严查此事，最后在他手机上查到了那张照片。不光他本人被解雇，汉堡王公司把他所有的同事都解雇了。一个不剩。嗨，伙计。你自己看着办吧。

然而，一时糊涂不止会让你在汉堡王国的职业前景变得黯淡。社交媒体出现后见证了青少年参与的各种网上挑战。其中一些挑战具有危险性，就像"盐+冰挑战"。它要求青少年用视频记录自己用盐和冰擦拭皮肤的整个过程，看谁能忍住疼痛坚持到最后。根据印第安纳大学瑞雷儿童医院的大夫讲，在这次挑战中，一些青少年二度烧伤，更严重的需要接受植皮手术。

以上情况是今天的青少年必须引以为戒的，说实在的，在以前这些事情你我根本不必顾虑。正如最近一位家长跟我谈话时所言："我三十多岁的时候，最棒的一件事就是我做的所有蠢事都是在互联网盛行之前。"

这样的话可能会让你觉得好笑，但是在当今世界，孩子在网上留下的数字足迹可不是什么好笑的事情。他们发的帖子、写得东西和上传的内容可能让他们受益终生，也可能会贻害无穷。你有责任引导孩子在这场新技术浪潮中做出明智的选择，帮助他们懂得参与社交媒体是他们的一项特权，可是他们需要对自己的言行负责。

你的目标

引导青少年认真对待他们在网上发布的内容，仔细考虑这些内容将来可能产生的影响。

会发生什么

对青少年来说，互联网是专门用来社交的——不只是娱乐或学习的地方，而是一个交朋友的地方。但是跟社会生活的其他方面一样，青少年在社交方面也要不断尝试。互联网上有数不胜数的内置社交奖励机制，它们会鼓励你的孩子发布一些内容，像是自拍照、给朋友评论和点赞等。但是因为青少年的大脑尚在发育当中，他们还没有成年人那样的人生阅历，所以经常会逾越正常的社交界限。他们通过做不该做的事情和犯错误来学习和成长。可问题是，互联网会把他们所犯的错误全部记录下来。

孩子考虑的可没这么多。有些事情根本不在他们关注的范围之内，比如说，财产税或者消费者物价指数对全球经济的潜在影响，以及互联网上包含着的各种危险。另外，互联网已经触及社会生活的方方面面，但大多数青少年只能模糊地意识到这些潜在的问题。比如，他们不会考虑把清晰地显示着自家地址的照片发布到网上可能带来的后果，他们肯定也想不到自己发布到网上的形象会对将来上大学和就业产生影响。他们一心只想着获得更多赞，被分享和评论。

然而好消息是你握有主导权。最初的某个时间，你的孩子还没有电子设备，他想要一部这样的设备。利用好这个机会！这是个绝佳的时机，你可以与孩子认真地探讨他们将来发帖、分享和发信息的内容，以及这些会对他们的未来产生怎样的影响。

不要担心。即使孩子已经有电子设备了，那十有八九也是作为父母的你给他们买的，而且你可能还在为他们的手机支付各种费用，而且他们还住在你的房子里，而且他们是造成你分娩时长达十几个小时阵痛的原因。

不要觉得底气不足。记住，青少年拥有手机并非是受美国宪法条款保障的不可剥夺的权利。

怎么办

1. **帮助你的孩子意识到这是他们的公开简历。** 未来的学院、大学和雇主会查看孩子的数字痕迹，而且他们会据此做出决定。在最近的一次调查中，77%的雇主报告说他们会使用搜索引擎来对潜在的候选人进行了解。这些上网搜索候选人的雇主当中，35%的人曾根据网上发现的不良信息淘汰过候选人。

面试已不是从你走进门去与面试官当面交谈开始了，而是从雇主将你的名字键入谷歌搜索引擎开始的。

试着这样对孩子说："这些话也许听起来很荒唐，但你迟早要去挣钱成为独立的成人的，这时候你就要找份工作。你将来的雇主会用谷歌检索关于你的信息，所以想想你正在发的帖子，它可能会让你错失将来的工作。你应该不想跟我待上一辈子吧。"

2. **教给他们如何使用"祖母批准过滤器"**。帮助青少年对其在网上发布的内容进行更全面的考虑是自我管理的一个至关重要的方面,提升这种能力的办法之一就是引入"自我过滤器"的概念。具体就是允许他们停下来、深呼吸、审慎地考虑他们要发布和发送的内容。一个好方法就是用一个令人难忘的问题来过滤他们的决定。我最喜欢的问题是:"如果我发这样的帖子,我祖母会同意吗?"当然,前提是他们的祖母不是一个脏话连篇、烟不离口、因吸食大麻而病病歪歪的种族主义人士。只要他们的祖母是那种典型的和蔼可亲的老人,那就没有问题。

试着跟孩子这样说:"在你上网发帖之前,问问你自己'祖母看到我的帖子会觉得我很酷吗?'要是祖母看见你正在威胁那个你不喜欢的孩子,她会高兴吗?要是你上传了一张只穿着运动胸罩站在浴室镜子前的照片,你祖母会喜欢吗?"这个办法可以帮助孩子掂量到底什么帖子可以发,什么帖子不可以发。

3. **教孩子发帖之前再三思考**。有一个源自贵格派(基督教的一个派别)的老故事,名字叫"三个筛子"。故事中,一个男孩跑回家告诉妈妈自己听到的一个传闻。当他讲到一半的时候,妈妈打断他的话,让他把这个故事用真相、善意和必需这三个筛子进行过滤,这样就能分辨出这个故事是否值得讲给别人听。这位母亲的建议对于生活在数字时代的我们仍然适用。

一组有用的首字母缩略词(现代版的三个筛子,前提是你愿意尝试①)可以帮助孩子们过滤并审慎地考虑他们要发到网上的东西。

T——它是真的(true)吗?网上有不计其数的虚假信息,还有不计其数的一眼就能看穿的错误信息。在你传播信息之前(不管是一篇新闻报

---

① 我们愿意。

道还是关于同伴的信息），一定要确保该消息是真实的。

H——它有用（helpful）吗？你发布的帖子有没有实用价值，会不会产生积极的影响？不要像那些网络扰客一样，发帖子的唯一目的就是害人。"有益的"反义词是"有害的"，请远离后者。还有，为了让你更好地理解做一下声明，猫咪视频（cat videos）是有益的，因为猫咪给这个世界带来了缕缕纯净的阳光。

I——它能传播正能量（inspiring）吗？文字有决定生死的力量，你今天说的和敲的文字会对周围的人产生什么样的影响呢？确保你的文字会给他人的一天带来一丝生气，给予他人希望，促进理解，传递正能量。

N——它是必需的（necessary）吗？有想法并不意味着一定要说出来，有时候沉默反而是更好的选择。有人在网上故意引发口水战或者故意挑起事端并不意味着你非得要加入其中。

K——它是善意的（kind）吗？互联网上大量舆论的口吻是刻薄无情的，尽你自己的力量来扭转这一局面。肯·范·米特爵士说过一句著名的话："一件事会有两种表达方法，其中一种是善意的。"你一定要选择"善意"的那一种。

注：我们做了一张时尚的小海报，你可以下载[①]并把它打印出来，提醒你和孩子。或许你可以把这张精美的艺术品挂到你电脑所在的公共区域的上方。

---

① 链接 joshshipp.com/ggtth 下载 THINK 海报。

3. 帮助孩子认识色情内容的种种危害

特别感谢克莱·奥尔森，他创办了旨在教育年轻人认识色情内容种种危害的非营利性机构，以抗击新毒品，他就该话题的一些细节给出了咨询意见。

挑战

在我们这个时代，青少年要应对的色情内容的程度和规模，超过了以往任何一代人。问题已经不再是你的孩子是否会碰到色情内容，而是何时碰到。在过去，青少年能接触到的仅有的色情内容是罗素叔叔存放在地下室的几本陈旧的花花公子杂志。而现在，色情内容无处不在。互联网的崛起使色情内容以前所未有的规模渗透到了世界的各个角落。全球最大的一家成人网站透露，它每小时的访问量为 240 万人。仅 2015 年一年，全球访客观看该网站内容的时间达到了 4,392,486,580 小时——43.9 亿小时啊。

我们要知道的是：有相当多的男女青少年对性，也对色情内容，兴趣高昂。有一部分青少年一接触此类内容就无法自拔了。还有数量不明的一些青少年开始相信，他们在色情作品中看到的是正常的性行为。

被问及"父母跟你谈论有关色情内容问题的时候，你希望他们知道哪些事情？"时，一些青少年给出的回答如下：

- "我希望父母明白，羞辱我只能让我在背地里偷看这些东西。"

- "我希望父母私下处理此事而不是回避它。"
- "我希望父母知道有时我们身不由己,我们想改但是有时候我们就是无法自拔,不知道该向谁求助,怎么求助。"

现代世界,如何应对色情内容已经成为青少年成长的一个中心议题。

你的目标

与孩子探讨色情内容,帮助他们认识色情内容的危害,给他们提供在充斥着色情内容的网络世界浏览时所需要的工具。

会发生什么

要相信你作为父母的直觉。密切注意可疑网络行为的警示信号。如果孩子开始不正常吃饭、熬夜、在卧室锁门、习惯性删除浏览记录,或者在解释自己上网做什么时语无伦次或声音发颤,那你们应该谈谈了。

而且你需要比你预想的更早与孩子谈论此事。一个人接触到色情内容的平均年龄是九岁。在你的孩子有机会接触到互联网的那一刻,你就需要开始与他就性和色情内容进行与他们年龄相称的谈话了。

对于年龄稍小的青少年,可以考虑把电脑放在家里的公共区域。这样做可以帮助你监督和记录孩子浏览的内容。许多家长在电脑上安装了阻断程序或者过滤器,但是没有一个系统是百分之百安全的。

尝试这么跟孩子说:"要是你看到有什么好像不适合你的内容,请过来告诉我。"让正值青春期或尚未进入青春期的孩子们知道这样做他们不会有麻烦。你只是在努力确保当孩子们上网的时候,那些色情画面不会出现。

如果孩子正在努力摆脱色情内容的诱惑,你可以帮他一把。因为青少年大脑的神经尚未发育完全，彻底摆脱色情内容的困扰不仅是可能的，而且可能性很大。比如，我曾经与许多年轻人谈过，他们流着眼泪描述自己是多么想停止访问色情网站。他们中的每一位都曾经在网上浏览色情内容到了痴迷的程度。每一个成功挣脱色情网络控制的故事都始于公开地谈论这个话题，然后大家集思广益，之后采取深思熟虑的步骤把整套措施安排到位（像是安装过滤软件、电脑只能摆放在公共区域、每日在指导者处签到），这些步骤使得他们获得了成功。

  在如上几类情况中，你必须克服羞耻感。帮助孩子明白做一些事情是错的，但同时又不能让他们觉得是自己做错了，这确实很难办。即使你知道孩子一直在看色情片，你在跟他谈话时也得慎重。孩子很可能会感到内疚，就是那种人们自省时，发现自己做了有悖于自己价值观念的东西，从而产生的心理上的不适感。在那种情况下，内疚是一种好的有教育意义的情感。它会帮助我们意识到，我们不该做会导致内疚的事情。但是羞耻感不同，它是一种很糟糕的感觉，是认为自己不正常，不值得被爱和与人交往的想法。羞耻感对事情的解决没什么帮助。青少年出于本能在生理上对性方面的事情感兴趣，这是他们成长的一部分。将羞耻感与性行为掺和在一起调出来的永远是难喝的鸡尾酒。所以，当你开始跟他们谈论色情相关的话题时要注意说什么话以及怎么说。

  请注意：孩子绝对不想和你就这个话题做深入交谈。如果你已经发现孩子一直在看色情片，让他们自愿坐下来跟你详谈这件事几乎不可能。在这种超难堪的情形下，父母不妨先跟孩子做一个简短的引导性的谈话[①]来打破僵局，为后续谈话做好铺垫（用以谈论细节）。或许你的孩子不会多说，但是他会考虑你说的话。

[①] 之后喝上一小杯龙舌兰酒，为良好的开端小庆祝一下。

怎么办

如果你怀疑孩子曾看过色情内容,那你就要为一次至关重要的谈话做好心理准备了。如果你不跟孩子谈论这类事情,他们会从其他不太可靠的地方获得相关信息。你要确保为这次谈话做好了充分的准备,如果贸然谈论此事,你会以失败收场。想想亚伯拉罕·林肯的这句话:"给我六个小时的时间砍倒一棵树,我会用前四个小时磨斧子。"你准备好后,选择一个合适的时间和一个僻静的地方跟孩子谈论此事。

你可以这样开始你们的谈话:"你知道的,关于电脑使用我们定的一条规矩就是我要定期检查你的上网记录,我注意到你曾访问过一些成人网站。我这么说不是让你为难,只是想确保你理解与这种内容相关的一些风险。咱们这场很尴尬的谈话大概需要八分钟时间。"

话题1:色情内容的诱惑力让人难以抗拒,让我来解释原因。

(作为家长)你该知道的事实:观看色情内容是一种会愈演愈烈并最终让人成瘾的行为。孩子跟地球上其他人一样,他们大脑的中心有一簇被称为伏核的神经细胞。当人们做了令自己满意的事情时,比如吃了一顿大餐或者赢得了竞赛,这个"快乐中枢"会释放出让人愉快的化学物质。有个问题是,这个快乐中枢有时会被欺骗或绑架。当青少年被色情内容激起性欲时,他们的大脑就会释放一种能带给人快感的化学物质多巴胺。多巴胺经过大脑时会留下一条路径,将性快感与看色情内容联系起来,基本可以描述为:"这种感觉太妙了,让我们记住怎样返回来。"青少年越是看色情内容,大脑中这样的路径就越多,他们就越是不由自主地看色情内容。这与吸毒上瘾类似。

跟孩子这样说:"性是一种自然的生理本能,它能产生各种极强的欲望,它可以唤醒非常强烈的感觉。成长过程中,有时候我们对性欲是无法抗拒的,就好像被牵引光束控制住了似的。但是成长过程的一部分就是要深刻地思考这些感觉,这就意味着确保你要开始用身体的其他部分进行思考。"

这些话的含义:你应该想办法清楚地思考自己的性欲望和感觉。同时,你不应该让性欲控制你的行为。

适度地向孩子展示自己脆弱的一面。① 与孩子分享一个发生在你身上,有关这几种让人困惑的性欲望的故事。你是否曾经屈服于这些感觉,但为此而后悔?你是如何学会应对它们的?如你所知,讲述这样的事会令人极其尴尬。不过,为了孩子的心理健康再尴尬也得讲,只是不要把重点放在细节上,而是放在你从中学到了什么。

话题2:色情内容对性的描写扭曲了真实健康的性行为

(作为家长)你该知道的事实:现实生活中,真正的爱以真实的人为对象。色情内容展示了性爱的表达,却缺失了人类性行为中真实且富有人性的诸多方面。色情内容给青少年们提供了一个研究者称之为说明人类性行为过程的"社会脚本"。问题是,这个脚本有重大缺陷。色情内容有一个共同的脚本:只考虑男性的性需求。色情内容是走了极端的人格物化,而且它宣扬的观点是爱不必建立在亲密和尊重的基础之上。在现实中,迷恋色情内容的习惯会严重地损害人们付出真诚、无私、有意义的爱的能力。这通常意味着,到最后,这些人与色情内容中那些人相差无几了。

跟孩子这样说:"我很担心。我担心观看这些视频会让你认为这就是真实的性行为。我年龄比你大,所以我可以告诉你:性不是这样的。色情内容中的性都为了人的肉体而利用他人,但那不是健康的性行为。健康的性行为从来都不是利用某人来获得你想要的东西。它是有关疼爱、关怀、分享和建立亲密关系的事情。"

---

① 如果你"适度脆弱"的想法是这样开头的:"你知道,你妈妈和我……"经历那种尴尬真不如让孩子用泰瑟电击枪直接给你一枪。

这些话的含义：健康的性行为从来不会索取、窃取或利用。色情内容并不代表健康的性行为，因为健康的性行为是建立在亲密关系、共同分享和真情付出的基础之上。

适度地向孩子展示自己脆弱的一面：谈论一次你曾目睹或经历的不健康的性行为，说明这样的性行为是如何伤害和利用他人的。谈论你曾目睹和经历的健康的性行为。

话题3：让我们谈谈可以采取哪些措施

（作为家长）你该知道的事实：作为家长，你可以充分利用各种技术手段。毫无疑问，你想帮助孩子选择健康的方式而不是通过上色情网站来了解性方面的知识，这一点非常重要。教孩子安装并使用阻止成人内容的过滤软件是个不错的主意。这跟如果你想健康就不会在家里储备薯片大致一个道理，因为你不想一时忍不住就吃掉一整袋子。还可以安装问责软件，它会将孩子每天访问了哪些网站发一份报告给你，这可能是一个促使你做出明智决策的好方法。

跟孩子这样说："关于上网，我们达成一致的协议里，我们都同意不看色情内容。你想想我们怎么做才能共同实现这个目标呢？"

这些话的含义：我们头脑清醒时可以做出明智的决定。

适度地向孩子展示自己脆弱的一面：我们鼓励家长在自己的手机和电脑上安装问责或过滤软件（以向孩子表明自己以身作则）。利用过滤软件将那些令人反感的内容阻挡在家庭路由器之外，让孩子明白你坚决不允许此类内容在家里存在，对每个家庭成员都一样。别忘了孩子的手机是你手中的一张牌，所以在给他们手机之前跟他们谈谈这个问题，要确保不看色情内容是一个需要共同遵守的原则。

更多坦诚的交谈：什么是健康的性行为？

指南：每次选取下面一个问题开始你与孩子关于健康性行为和性关系的谈话。设计这些问题的目的是让你怀着同理心来倾听孩子对于人际关系和性行为的真实看法。希望他们会让你问各种问题来进一步弄清楚他们的想法。最后，在交谈的过程中，这些问题可能会给你创造机会，使你能够清楚地阐述自己的体验、是非标准以及这些思想的形成过程。如果这一切顺利完成，没有让孩子感到羞耻和威胁的话，谈话就会成为积极的互动。

- 在你看来，除了身体特征外（可爱、英俊），你想约会的那个人身上还有哪些因素或特征是最为重要的？
- 当你想象未来的丈夫或者妻子时，你希望他/她具备什么样的特征？如果现在让你把这些特征列出来，你觉得哪个最重要？
- 按照你的生活经验，你觉得一种美好而长久的关系或者婚姻中最重要的两个要素是什么？
- 性是两性关系中的一个方面，你觉得在两性关系中，性行为带来的两个主要好处是什么？
- 你听说过不当性行为给人造成重大伤害的事件吗？
- 你认为"健康"的性行为和"不健康"的性行为区别是什么？
- 想想你自己和周围的朋友，你觉得大多数青少年是从哪里了解到与性有关的东西呢？
- 我们生活在一个性信息泛滥的社会，这与我小时候的社会氛围大不一样。你觉得这会对你的同伴或你们这代人产生哪些影响呢？
- 如今色情内容随处可见，你觉得这对你们这一代人有负面影响吗？为什么？
- 关于性，你认为对大多数青少年来说最困难或最令人困惑的是什么？
- 是什么让你对性行为感到困惑？

4. 帮助孩子应对网络欺凌

特别感谢艾莫利大学医学院、佐治亚医学院、摩尔豪斯医学院精神病学教授迪翁·梅茨格博士，他就该话题的一些细节给出了咨询意见。

挑战

在你成长的过程中，对恶霸的印象大概就是校园里那些强悍的家伙，他们会命令你交出买午饭的钱或者其他东西。事实上，即使是文艺作品中最著名的恶霸也符合大众想象中的特定模式。不管是哈利·波特系列里心胸狭隘、话里带刺、极富自我优越感的德拉科·马尔福，还是《回到未来》（*Back to the Future*）三部曲中高傲又自私的毕夫·坦能，还是《凯文的幻虎世界》（*Calvin and Hobbes*）系列连环漫画里的身穿皮夹克、思想单纯、蛮横无理的莫，对大多数成人来说恶霸们最基本的共同点是，他们会通过威胁、讥讽、推搡、挥拳等方式在现实世界里欺负别人。

的确，在毕夫生活的1955年，大部分欺凌行为发生在现实世界里。但是，对于今天的大部分青少年来说，情况却不同了。如今，仅有约20%的青少年欺凌行为发生在现实世界。

那么绝大多数情况呢？网络欺凌。

当然，这并不意味着身体和言语上的欺凌已经从校园里彻底消失了。这个话题我们在本书最后一部分单独讨论。

孩子经历网络欺凌的可能性很大，大约有52%的青少年说他们曾遭受网络欺凌。曾目睹网络欺凌行为的青少年中，95%的人说他们未予理睬。但是，不理会并不会让这种行为消失。

你的目标

帮助孩子应对网络欺凌并且掌握对付网络恶霸的各种策略。

会发生什么

网络欺凌事件大幅增加，原因之一是：从心理上来说，欺凌更容易实现了。你不必一直盯着某个人的眼睛。而且，网上欺凌可以通过匿名账号进行，这就更加助长了那些使坏的青少年的气焰。

还有，青少年网上欺凌他人是因为他们不会去考虑自己的行为会给他人带来什么样的负面影响。青少年天性易冲动，他们大脑中调和冲动的组织（前额皮质）还未发育完全。所以，成年人常常会考虑欺凌行为带来的后果（别人的感受），青少年们却没有足够的生活阅历来这样做。加上网络恶霸们很少看到他们在网上的评论对被欺负者的影响，于是就产生了眼不见心不念的情况。

而事实是孩子很可能会将网络恶霸的评论当真。当孩子们还小的时候，听到别人评论他们的话时，常常会去问父母这些评论是否正确。"妈妈，某某说我蠢。"这时，父母说的话举足轻重。但是随着孩子们长大并意识到他们世界里各种各样的声音和影响的时候，他们就会越来越看重别人对自己的看法了。所以当青少年受到欺负的时候，他们极有可能将这些侮辱记在心里。据青少年的反馈，他们受欺负最常见的原因是长相（55%）、身材（37%）和种族身份（16%）。你要做的就是要尽力帮助孩子认识到他们并没有做错事情，而且，他们本身没有任何问题。网络恶霸们常常在网上四处游荡，寻衅挑事。一不小心，你的孩子就会在无意之中就受到了欺负。

怎么办

1. **不要对发生的事情轻描淡写，更不要责备孩子。** 网上欺凌常常会引发人群围观。对于孩子来说，这无异于当着全校师生的面，在麦克风前被欺负一样，这与体操课后在更衣室受到欺负有天壤之别。千万不要轻视孩子可能感到的恐惧、焦虑和羞辱。要知道，青少年在偶然受到网络欺凌后的心理倾向是自责。一定不要有"这是他们的错"之类的暗示，因为这样会不经意间增加他们的羞耻和尴尬。这对孩子来说像是一种惩罚，而且他们会后悔告诉了你这一切。

2. **帮助孩子明白网络恶霸们想得到什么：回应。** 网络恶霸们就是想吸引人们的关注，而青少年最常见的反应就是对侮辱进行回敬，有一种"你伤害我，我也要报复你"的思维。如果可以的话，教孩子明白如果他们不上这个当，那么网霸们就不会得逞，自然就会走开。这一点孩子需要你的指导，因为如果孩子因一时气恼或者委屈进行回击，那事情很快就变成了一场阵地战。网霸会招来更多的人，最终会达到他的目的：有人回应。

3. **教给孩子如何屏蔽这些混蛋。** 如果有人在欺负你的孩子，那就要教他们如何马上把那个人屏蔽在自己的社交圈之外。① 如果你的孩子压根不认识或跟那个人没有任何关系，这点尤其重要，你可以在各种社交媒体平台上找到有用的资源来一步一步地指导孩子怎样屏蔽某个人。

4. **教孩子哪些声音要调高，哪些声音要调低。** 如果网络欺凌不断地侵蚀着青少年积极的自我形象，这种情况下，他们就会觉得压力重

---

① 当孩子慢慢长大，对有人给狗穿毛衣是否有意义感到纳闷并在网上表达自己的疑惑，结果被恶意地攻击为"反对让狗狗温暖"的法西斯分子。这种情况下使用这个方法是很有效的。

重（这不会是最后一次）。教给孩子当他有这种感觉时该怎么办。在这种情况下，找几个可以信赖的人（伙伴和成年人）客观地评价孩子是极为重要的。这些评价应该既有肯定的（"你有超棒的幽默感"），也有批评的（有些时候，你在一个新环境里的做法可能会让人生气）。这样说："瞧，攻击你的人压根就不认识你，所以你需要有意识地调高认识你的人的声音，让我们把这些人列一个名单。"

5. **如果出现了人身伤害威胁，要立刻介入**。在出现了人身伤害威胁的情况下，你作为成年人必须要做出反应。这种威胁可能是笼统的（"我要杀了你"），也可能是具体的（"我要去你家崩了你"）。不要以为这是闲扯而不当事。立刻报警，同时向校方报告此事。你必须认真地对待这些威胁的言论。

6. **建议咨询**。问你的孩子这个问题："这件事你跟别人谈谈会管用吗？"如果孩子的回答倾向于肯定，那么带他去接受咨询。虽然我们觉得孩子没错，但是我们认为进行咨询是非常好的。因为咨询会使青少年获得一个明确的盟友和家庭之外的支持，还会帮助他们找到一个向导，能让孩子明白自己的羞耻感和内疚完全没有必要。此外，咨询可以使孩子们发现自我，重新鼓起勇气。

青少年联盟状况：恃强凌弱

最常见的恃强凌弱方式[①]

- 奚落（66%）
- 辱骂（66%）
- 嘲笑（44%~49%)
- 造谣（36%~42%）
- 人身攻击（24%~29%）

---

① 数据、图表和研究报告均由马萨诸塞州攻击行为应对中心提供。

90% 以上的孩子在上三年级之前就在使用网络了。

拥有手机的孩子的比例

- 三年级：20%
- 五年级：30%
- 初中：83%
- 高中：86%

网络欺凌数据

- 10% 的初中学生曾被人高声辱骂过。
- 11% 的青少年曾被人偷拍过让自己觉得难堪的照片。
- 25% 的青少年曾在电话或互联网上被人多次欺负。
- 使用社交媒体的青少年中，55% 的人说曾经目睹有人利用媒体公开欺负他人。
- 52% 的青少年承认自己曾在网上欺负过他人。
- 20% 的青少年经常遭受网络欺凌。
- 50% 的青少年受到网络欺凌时没有告诉父母。
- 88% 的青少年曾目睹自己的同伴在网上以无情和卑劣的态度对待他人。
- 曾受到网络欺凌的青少年中，33% 的人说网络恶霸对他们发出过威胁。
- 曾目睹网络欺凌的青少年中，95% 的人装作没看见。

网络欺凌的长期影响

网络欺凌会伤害到涉事的每一个人，受欺凌者和网络恶霸成年后患精神方面疾病的风险都要比常人高得多。

受害者

患焦虑症或焦虑障碍的概率是常人的 4~5 倍。

网络恶霸和受害者

患抑郁症的概率是常人的 4 倍。

患焦虑症的概率是常人的 18 倍。

有自杀倾向的概率是常人的 18.5 倍。

网络恶霸

患反社会人格障碍的概率是常人的 4 倍。

识别网络欺凌

恶意攻击：通常在利用社交媒体进行即时信息交流或电子邮件往来的过程中出现的激烈的攻击他人的行为或言论。常常是许多人联合起来欺负一个人，集体羞辱或者用攻击性、冷酷无情、嘲讽的评论将受害者的发言淹没。

伪装身份：这是一种经过精心准备的网络欺凌行为。欺凌者通过编造虚假的电邮地址（或社交媒体账号）或利用他人的电邮、手机或移动账号伪装成某人，然后在网上欺凌他人。这种办法用以掩盖欺凌者的真实身份。

跟踪骚扰：利用电子通信手段反复骚扰或恐吓某人。比如，发送恐吓电子邮件。社交媒体和信息服务给跟踪骚扰者提供了新的机会来接触、跟踪并骚扰受害者。

公开隐私：将个人私密交流内容，比如短信、电子邮件或即时讯息公之于众（或传播）。将私密内容发布在网上并将其传播可能会带来非常有害的社会影响。

网上钓鱼：拖饵钓鱼这个词是捕鱼专业术语，指的是在行船后面拖着鱼钩和鱼线，引鱼上钩。这里是指有人故意在网上发布冒犯或煽动性的内容，目的只是为了引起别人不快或愤怒的回应，这就是网上钓鱼。

学校和教育的种种挑战

画面渐显：室外——独栋住宅，周四下午大约 2:30。

画面溶至：室内——客厅。

妈妈，一位真诚的 55 岁上下的女士，优雅而正直。

爸爸，肚子上有点赘肉，留着斑白的胡须。

马库斯，他们的儿子，一个 19 岁的青年，穿着一条破旧的牛仔裤和一件印着"邋遢的纳夫牛牧民"字样的 T 恤。

爸爸： 有什么事吗？

妈妈： 马库斯，你让我好紧张啊。你在电话里听起来那么严肃。

马库斯：（有点紧张）啊，妈妈，爸爸，我有事要告诉你们。

爸爸： 肯定没好事。

妈妈： 你是不是有女……

马库斯： 不是！听我讲，好吗？我要说的你们可能有点不想听。

妈妈： 好——吧。

马库斯： 我讨厌我的大学。

妈妈： 你讨厌你的大学？

马库斯： 不是因为学习太难，是我讨厌学校。

> 据高校辅导员介绍，大学生在学校里未能取得成功的主要原因并不是学习成绩不好，而是不清楚自己的长远目标和选错了专业。

马库斯：就因为这个，所以我这学期学得很不好，一点也不好。

爸爸：你学得不好？

马库斯：不好，事实上，我会不及格的。

爸爸：不及格？你知道上大学要花多少钱吗？去年，光你的学费我就掏了22,000美元。这些钱足够我买辆宝马开了。

妈妈：亲爱的。

爸爸：我是说，那笔钱足够给你妈妈买辆宝马开了。

妈妈：（狠狠地瞪了他一眼）你爸爸的意思是上大学要花好多好多钱。

马库斯：我懂。那是你们的钱。这个我懂。可是我觉得我讨厌学校是有原因的。爸爸，你曾经跟我说过你大学第一年就过得特别痛苦。

妈妈：没错。

马库斯：你最初选的专业是通信技术。可是你并不知道自己将来想做什么。

爸爸：对。

马库斯：我现在就是这种情况。

> **担心：**
> 许多家长担心孩子会重蹈他们的覆辙，
> 那些导致他们生活得格外辛苦的错误。

马库斯：所以我要退学。

爸爸：啊，老天！你要搬回来住，是吗？

马库斯：不是的！爸爸！

爸爸：我刚把你在地下室的房间改装成我的私人小窝了。

马库斯：(极力地想插话)哦，爸……

爸爸：我放了三台55英寸的电视。我可以同时看三场比赛！

马库斯：听我说，爸爸！

爸爸：(哀求，转向妻子)不要让他抢走我的小窝。

马库斯：爸爸！我不会搬回来住的。

> **担心：**
> 家长担心孩子经济上无法独立，因为独立生活是一个成年人能否承担责任的关键参照。

爸爸：(慢慢反应过来)你说的是真的？

马库斯：是的。我保证。

爸爸：我太高兴了。我还以为你要搬回来住呢。

妈妈：詹姆斯！亲爱的，你随时都可以……

爸爸：过来看看。

马库斯：爸，我懂了。我答应，我不会搬回来住你们的房子的，永远不会。

爸爸：好，很好。

马库斯：如果你看到我想搬回来，你可以锁上门，假装你们已经搬走了。

妈妈：亲爱的，我们永远不会……

爸爸：会的，我会那样做的。拉上帘子，锁上门。我没意见。

马库斯：我们可以接着谈大学的事吗？

爸爸：可以，谈吧。

马库斯：我很可能会退学。

爸爸：退学？退学。

妈妈：哦，亲爱的。

马库斯：让我来说一下我的打算。我会在明年春天上另一所大学。与此同时，我会在百灵鸟春天小学做一名助教，每周末我还会在市里的儿童医院做兼职。

妈妈：在那里兼职做什么？

马库斯：实际上，我已经把一切都安排好了。

爸爸：什么工作？

马库斯：哦，我会在医院里陪伴那些等着做骨髓移植或者其他大手术的孩子们，我的工作就是让他们开心、跟他们聊天、给他们讲笑话。

妈妈：医院提供这样的服务吗？

马库斯：不是医院提供的。我们是非营利性的组织。

妈妈：这个组织叫什么？

马库斯：小丑护理。

爸爸：小丑护理？

妈妈：嗯，你做小丑？

马库斯：是的。

爸爸：戴着红鼻头做杂耍？

马库斯：没错。

爸爸：太棒啦。肯定会有人问我（假装在跟别人谈话）："马库斯在学校里怎么样啊？""嗯，嗯，他退学当小丑了。"

> **担心：**
> 许多父母担心孩子会做出愚蠢的选择，从而让自己被别人看作是失败的家长。他们认为孩子的选择将是判断父母做人成败的标准。

马库斯：爸爸，你和妈妈一直都是很棒的。如果让我退回去重新选择父母的话，我会毫不犹豫地选择你们俩。

妈妈：（感动）噢。

马库斯：但是我需要自己出去闯，所以我打算换个学校，而且我打算换专业。

爸爸：换到什么专业？

马库斯：我打算读师范专业，当一名特教老师。

妈妈：噢。

爸爸：特教？

马库斯：是的。我想从事自闭症儿童的教育。

爸爸：你准备去公立学校当一名特教老师？

马库斯：是的。

爸爸：那薪水肯定不高。

马库斯：爸爸，是这样的。还记得我妈以前得过运动型疝气吗？

妈妈：对啊。

马库斯：那是什么原因让你对医生有好感的呢，爸？

爸爸：那个男大夫见多识广。他做这种手术足足有一百多次了。显然他胜任得了。

马库斯：但如果他这么跟你说："我来这儿只不过是因为我的父母想让我成为一名大夫。我根本不操心这台手术或任何其他手术。这活儿真没劲儿。"你会怎么想？

爸爸：嗯。

马库斯：就是这样的。爸爸，这就是我现在对计算机科学专业的感觉。我讨厌它！

爸爸：什么？我还以为你喜欢呢，高中时你的数学分数很高啊。

马库斯：我觉得人成长的一部分就是要弄清楚这一辈子应该干点什么。

妈妈：嗯，那你怎么知道特教老师就是你想干的呢？

马库斯：问得好。这个学期我们需要做30个小时的社区义工。我去了当地一所小学，和一个特教班的学生们创建朗读工作室。他们都患有自闭症，在学习上有障碍。我也不知道为什么，反正就是特别喜欢这份工作。结果虽然要求 30 个小时，但最后我做了 280 个小时。那位老师反复邀请我回去。

> 说明你找对了工作或者你在做正确的事情的一个可靠标志就是你是否自愿反复去做它。

爸爸：她当然愿意那样做，免费帮忙嘛。

马库斯：不，不完全是。那位老师说我有一种跟这些孩子打交道的能力。我特别喜欢跟他们泡在一起，他们也特别喜欢我。与这些孩子建立联系并帮助他们"得到"是有意义的……明白我的意思吗？

妈妈：我明白。

马库斯：在那之前，我压根不知道什么是自闭症，也不知道真的有办法让你与这些小孩处好关系。它是……我不知道。我觉得我适合干这个。

爸爸：这样啊。

马库斯：所以我打算好好学习，帮助一些孩子。我相信钱自然会有的。

爸爸：这话……有道理。

妈妈：我觉得你的想法很不错。有时候找到自己的使命要花比这多得多的时间。

马库斯：我也是这么想的。要是我最后一败涂地，要是有人责怪你们，就让他们来找我。因为这是我自己的选择。所以你们尽管放心，你们不会因此受指责的。

爸爸：你不会失败的，儿子。我了解你。

妈妈：爸爸的话让你高兴吗？

马库斯：是的。

妈妈：那么就加油吧。

马库斯：谢谢妈妈。

爸爸：你随时可以回来吃饭，但你要想搬回来……

旁白：对于父母来说，没有什么比想到自己的孩子尚未准备好就要面对自己的未来更让他们操心的了。下面是一些很有用的建议，可以帮助你跟孩子就他们的学习、职业和生活进行有意义的谈话。

1. 该如何思考学业和教育

特别感谢乔·马丁博士，他是一位获奖教师、培训师、《成绩的窍门》（*Tricks of the Grade*）一书的作者。他就该话题的一些细节给出了咨询意见。

挑战

杰夫以六百毕业生中排名第十六的成绩从高中毕业。他的成绩使他获得了达拉斯州南卫理公会大学的全额奖学金。他决定像爸爸一样，攻读工程学专业。然而杰夫并不具有突出的工程学天赋，专业课程的分数一直都是C。

不久，杰夫意识到他擅长的专业其实是商学。他在商学方面表现很出众，所以他调换到了商学专业并成为了一名出类拔萃的学生。从南卫理公会大学毕业后，杰夫申请了全美最负盛名的工商管理硕士课程（该课程由哈佛商学院开设）。在录取面试中，当被问到学校为什么要录取他时，杰夫简单地说："我真他妈的聪明。"

接下来。

杰夫没说错。他获得了工商管理硕士学位并且以名列全班前百分之五的优异成绩从哈佛毕业。他立刻被全美最好的咨询公司抢走并成了该公司有史以来最年轻的合伙人。

讲到这里我们先停一下。到目前为止，杰夫的故事几乎是每个家长的梦想，对吧？我是说，除了他在哈佛大学的面试中爆粗口之外，或许吧。孩子上一所好学校，然后上一所更好的学校，然后呢，一路攀升，不断获得特权、权力和财富。这就是我们说的美国梦，不是吗？

美国梦的描述

你上学是为了得到好的……成绩

你得到好的成绩是为了进入一所好的……大学

你进入一所好大学是为了能挣到很多……钱

你挣好多钱是为了能买到很多……东西

你买好多东西是为了……快乐

但是这个梦想很容易破碎。让我们回到杰夫的故事当中去。杰夫一路攀升，之后引起了一位大亨（德克萨斯州最大公司之一的首席执行官）的关注并很快被挖了过去。当时是20世纪90年代末，正赶上美国经济危机。杰夫意识到如果他能够制造出他们公司在赚大钱的假象，人们就会买他们公司的股票，那么大家都会富有起来。

2000年，杰夫宣称他所在的公司挣了9.79亿美元，但实际上该公司赔了12亿美元。这可是天壤之别啊。于是，这个排名全球第七的大公司……破产了。

这个人到底是谁啊？杰夫·斯基林。他所在的公司呢？安然。

这是美国历史上最大的一桩公司诈骗案。20,600名员工几乎全部失业，而且许多人的公司退休账号上一文不剩。安然的股价一夜之间从83美元暴跌到了67美分，使那些忠心耿耿的投资人损失了630亿美元。

杰夫被判处24年监禁。

事情怎么会到这步田地？杰夫可是在全美最好的大学里受的教育啊。没错，这个世界一流的教育体系确实培养出了一位杰出的商人，但是却没有把他培养成一位既杰出又有道德的商人。

最后，杰夫不是输在教育上，而是输在了人品上。

杰夫·斯基林的人生清清楚楚地向我们展示了一个道理：如果缺失了品质培养，即使最好的教育也可能导致苦难。

你的目标

用你的睿智和洞察力巧妙地扮演孩子的职业规划师。

会发生什么

大学毕业生收入更高。据美国人口普查局公布的2012年数据显示，教育能带来更多工作晋升和经济补偿的机会，这一看法通常是正确的。

教育	平均收入
高中以下	20,457 美元
高中毕业生	31,429 美元
上过大学但没有学位	33,119 美元
大学本科学位	57,762 美元
硕士学位	73,771 美元
专业学位	127,942 美元

同时，大学毕业生的债务也会更多。过去的25年中，学生债务的平均水平已经攀升了将近300%，这足以压垮那些存在严重经济问题的毕业生。2016年的数据如下：

- 70%的大学毕业生借钱读大学
- 2016年的大学生债务均值为37,172美元（2012年，该值为26,885美元。1992—1993年，该值为12,434美元。）

- 去年，全美学生贷款债务总额为 1.26 万亿美元。
- 4400 万美国人需要偿还学生贷款债务。
- 学生贷款拖欠率为 11.1%。
- 学生每月平均还贷额（20~30 岁之间的借贷人）为 351 美元。

如果没有正确的引导，孩子很可能会陷入巨大的债务危机之中，由此产生的影响会持续长达数十年之久。他们的事业会因此受到限制，自由受到限制，他们最终会走向失败。正因为大学费用的大幅上涨，高等教育现在就像是一把双刃剑：你必须清楚自己在做什么，不然最后会死在自己的剑下。

怎么办

1. **千万不要让 100,000 美元白白浪费**。如果你准备拿 100,000 美元投资股票，你很可能会想办法核实目标公司的商业模式是否健康，运行是否良好。然而，许多家长在没有帮助孩子（他们最重要的投资）弄清楚如何最好地利用自己天赋的情况下，就将他们送入了大学。大多数大学生因为盲目地上了大学，对自己未来的事业或对自己没有清醒的认识，从而在大学期间不得不调换专业，有的学生调换多达四到五次。这是一种极其昂贵的"试试看"模式的职业咨询。最近由德克萨斯大学的一项研究发现，大学生退学的原因有：(1) 他们对自己的未来缺乏明确的目标；(2) 他们选了一个不适合自己的专业。不要让这种事情发生在你的孩子身上。他们的前途（以及大笔金钱）取决于此。

2. **起到职业咨询师的作用**。作为家长，你有成为孩子职业咨询师的天然优势，因为你知道他们的优点，他们的缺点，以及他们的天赋。你知道什么会让他们兴致勃勃，什么会让他们难受，你知道他们的性格特点。努力帮助孩子确保他们对自己的未来不迷茫，他们选择的专业对他们来说也是合适的。职业和事业不单单是为了谋生，还包含了使命，并会因孩子的个性而异。

3. **如果你要负担孩子的大学费用，那么你就有发言权。**如果你要负担孩子上大学的费用，那你有权利也有义务确保孩子将来在一项既重要又有经济回报的职业上确实有机会获得成功。虽然成为一名加州大学尔湾分校戏剧专业的学生可能会令人兴奋，但是要跟天资平平的孩子讲，他想在百老汇大放异彩的梦想不靠谱。这似乎很残酷，谁愿意做一台梦想粉碎机呢？但是，做梦想粉碎机和从现实出发是不同的。如果你的孩子想要追求你觉得不适合他们的梦想，要温和地给他们摆事实，努力让他们明白为什么不适合选择某一专业。如果他们固执己见，你不一定非得为他们上大学买单。

4. **不要只是为了培养成功的大学毕业生。**杰夫·斯基林的故事说明，教育是一个工具，但是它并不能造就人。教育是实现人潜能的一个极为重要的手段，但它不是最终目标。可以这么考虑这个问题，我们是在尽力培养未来优秀的丈夫、妻子、父亲和母亲。未来的配偶和孩子会这样谈论你培养出来的孩子："如果可以重新选择，我还会选择他/她做我的父亲/母亲/配偶。"

如何帮孩子找到他的"使命"

如果你真心想帮助孩子找到他们的使命和他们钟爱的事业，照下面的步骤来做。

第一步：收集数据

回答下面关于孩子的问题，然后向几个熟悉他且值得信赖的成年人征求意见。

- 他喜爱什么?
- 从小时候起，他就一直 _____ 。
- 哪三个形容词最适合他?
- 他讨厌并想改正的东西是什么?
- 无须他人提醒，他就能积极追求的东西有哪些?
- 他们能够连做几个小时而不厌倦的事情是什么?

第二步：让孩子做一个自我评价

腾出一些时间，让孩子根据以下问题对自己做一个评价：

- 我喜爱下面的东西／事情……
- 写出三个最适合你的形容词。为什么是这三个词?
- 请写出使你愤怒不已的一件事，为什么它让你这么生气?
- 你在哪些方面做得很成功，哪些方面得到了权威的认可?
- 讲述生活中那些让你感知到自我的时刻，你当时在做什么? 描述当时的环境和情景。

第三步：讨论

和孩子一起细致地研究从前面两个步骤中获得的评价信息。之后，一起回答下列问题：

- 别人对你的评价中，哪些内容最让你感兴趣?
- 大家有哪些共同的看法?
- 这个过程让你认识到了哪些新的问题?
- 这些评价向你揭示了什么? 你从评价中学到了什么?

在此次讨论末尾，提出第四步。

第四步：用一周的时间来酝酿

把下面的问题写在纸上交给孩子，让他用整整一周的时间思考这个问题。跟他讲清楚，一周之后全家人将一起讨论这个问题。

如果你知道最终会成功，那么你愿意全力以赴去做的那件事是什么？

第五步：就该问题的答案进行谈话

尽量保留所有的判断。下一步将为你减去很多的负担。比如，如果孩子对于某个职业有很大的误解，下一步将有助于纠正这种错误的想法。

第六步：布置采访任务

让孩子在自己确定好的领域里设法找三位热情洋溢的人并面对面采访他们。"热情洋溢"是指他们对工作充满热情。

采访问题

- 从事您这个职业需要什么样的品质、兴趣和经历？
- 在教育和职业方面，您走过了怎样的路才取得了今天的成就？
- 如果能重新来过，您会做何不同选择？
- 对于有兴趣进入这个领域的人，您最好的忠告是什么？
- 您觉得哪些书籍最适合有兴趣进入这个领域的人去读？
- 您对于这个工作最满意的地方在哪里？
- 这个工作的哪方面您不喜欢？

第七步："上手尝试"该工作

完成采访之后，为了加深对这一职业的了解，鼓励他们花上一天的时间跟随工作人员实地观摩实习，或者鼓励他们去该领域做一名志愿者。

- 马上行动。完成简历并附上求职信，说明你希望从这次实习中获得什么，你有何技能和经验。
- 将你的材料和求职信寄给你曾采访过的人并请他们帮你获得一个无报酬的实习机会。说明你的目的：你对该职业感兴趣并且想从职场内部获得更多的了解。
- 询问你可以为该公司做什么，并清楚地表明你想为公司创造价值。因为你是无偿工作，这对公司来说划得来。
- 要强调灵活性。因为实习生的工作常常是在顶岗补缺，所以有时候并没有明确的岗位要求，只是被笼统地叫作"跑腿的"。清楚地表明，你什么活儿都愿意干。
- 要说你已经准备好随时开始。这表明你已经准备好忙碌和灵活行事了。

第八步：回顾和评估

当这段志愿服务或观摩实习结束后，跟他坐下来，讨论此次经历。

- 你从这段经历中学到了什么？
- 这个职业的哪方面是你从未预料到并最让你感到吃惊的？
- 你已经了解了这么多，现在你对这个职业的看法有没有变化？

这一天结束之前，每位家长都要告诉孩子他们的愿望就是孩子能够快乐。但是，这并非全部。父母也想让孩子长大后成为一个能给世界带来积极影响的人，用自己独特的天赋和热情改变现状的人。最后，我们应该明智地听从作家兼神学家弗雷德里克·贝希纳的建议，他曾经写道："你的使命就是你发自内心的快乐与这个世界迫切需求的交点。"

2. 如何帮助孩子在新经济条件下获得成功 ①

特别感谢斯坦福国际咨询研究所学习技术中心的荣誉退休主任和首席科学家罗伯特·B.科兹马博士，他就该话题的一些细节给出了咨询意见。

挑战

位于底特律的胭脂河工业建筑群是制造业的奇迹，它长 1.5 英里，宽 1 英里，拥有自己的电厂和供水系统。原料铁矿石从一端进去，另一端出来的就是组装好的汽车。

从 1900 年开始到 20 世纪 80 年代末，胭脂河工业建筑群反映了整个社会的心态。因为对于制造业而言，一些特定的关键价值观念极为重要，比如标准化、精确性、效率。物品必须按照高精确度和规模化进行生产，而且所有部门必须协同工作。所以，你想让所有的工人懂得同样的东西和同样的生产程序。

事实上，制造业彻底塑造了我们这个民族的整体文化和观念。它渗透到了我们生活的每个部分。它是当时的一种文化心态。因为雇主需要特定类型的工人，所以我们的教育体系和大学就会培养那样的人。雇主

---

① 当然，当你在读这本书的时候，这里描写的"新经济"极有可能已经彻底变了样，主要是因为太多新型机器人的出现。从满不在乎到大吃一惊到希望没事。尽管这样的循环很复杂，但是当你在帮助孩子考虑未来职业时，最好将这种不断变化的社会趋势考虑在内。

（像福特）想要那种按部就班、严格遵守操作程序的人。像创造性之类的东西根本不受重视，除非你能让产品变得更加精确或者能让生产速度变得更快更高效。

但是接下来情况变了。

五十年前，全球最受重视的公司是制造业公司。现在，全球最受重视的公司大多是科技公司。

因为我们的经济正在从制造业向科技转型，新型的文化范式基于创造力，追求创新和与众不同。这种观念对任何事物、任何人都有影响，也包括你的孩子。

这种新的经济有新的规则。你需要了解这些新的规则是什么，才能帮助孩子顺利应对。

你的目标

帮助孩子为取得新经济中的成功做好准备。

会发生什么

尽管我们的经济发生了这么多变化，但在三个关键领域，机器人很可能永远无法实现超越。这几个领域中，人类的优势非常明显。

现代经济需要有创造力和创新观念的工人

当今人们重视的是创造新观念、新服务和新内容的能力，这涉及各种思维方式，看看苹果的应用程序商店就知道了。应用程序开发人员负责弄清楚人们想要什么，什么程序有用、有趣、等等，然后他们就开发出这样一款程序。这种创新很具有民主精神：几乎任何人，只要他们具有适当的技能并能获得机会就能够创造出新东西。如果运气好，就能赚钱。

现代经济需要具有团队精神的工人

与其说新技术经济像一条生产线，还不如说它更像一家剧院。它需要有人走进来，认真倾听，比如说，三个看问题的视角，然后，这个人运用自己的天赋把所有的这些观点和角度整合为一种全新的观点。因此，技术经济中的领导并不像制造经济中的领导那样吩咐人们做什么，让他们生产什么东西，而是体现在打造团队、协同各方、齐心合力地解决最复杂的问题上面。

现代经济需要能够解决复杂问题的工人

现代劳动需要越来越多这样的人，他们既懂复杂的系统，又能找到潜在的创造性的解决方案。以优步这家公司为例，他们发现了一个问题后就想出了一个解决交通问题的很有创意的办法。说白了就是把私家车里的剩余空间变成了钱。如果你要从制造业的角度去考虑这个问题的话，那唯一的办法就是制造更多的出租车或者优化出租车的行车路线。全世界有太多的问题，它们都需要极其巧妙和创造性的办法来解决。

怎么办

1. **帮助孩子练习分辨信息**。信息时代，帮助孩子学会评估信息来源是很重要的。帮助他们看清信息中可能存在的偏见（"这个信息来源在这个问题上有什么利害关系？"）和真实性（"该信息是建立在什么数据之上的？信息源于何处？这个是事实还是观点？"）

2. **将孩子置身于团队环境中**。父母也可以帮助孩子增长社会知识，这是大多数学校课程中没有明确规定的一项关键技能。只要在青少年需要通力合作的场合，他们就可以学到社会知识。有时候一些校外的课程给孩子们提供了做科研项目和创意作品的机会。团队合作的核心就是综合不同的技能和思路来做个人无法完成的事情。

　　3. **全神贯注地玩桌面游戏**。桌面游戏最近出现了复兴，其中许多获奖游戏包括精心设计的环节，其中的任务需要青少年合作才能解决。不管是磨炼他们精确沟通的技能（在《行动代号》里），还是奋力解决问题（在《瘟疫危机》里），还是合作找到解开巨大谜团的线索（在《豪宅诡秘》里），还是在瞬息万变、万分险恶的场景中制定策略（在《救火奇兵》里），这些桌游不仅激发孩子的想象力，促进孩子的智力发育，还能增进他们的团队合作精神和沟通能力。日后某一天，当孩子为全家人规划穿越迪斯尼乐园的最佳路线时，这种体验就会发挥作用。但更重要的是，青少年通过桌面游戏能发展各种技能，这有助于他们将来成为高效的雇员。

　　4. **寻找能将教育与现实生活联系起来的真实项目**。父母也可以帮助孩子将学校的各个科目与他们的日常生活联系起来，从而实现学校所教的知识与现实世界的结合。如果能带着教育的目的在你家附近寻找可以和孩子一起做的项目那实在是太好了。比如，让孩子规划全家的野营之行。我们去哪里？我们需要什么？我们的食品预算是多少？所选的地方有没有什么历史典故？我们围着篝火时分享什么样的故事？把这次出行变成一道数学题，一道地理题，一节历史课或一次创意写作。规划这种露营活动①是孩子将来应对职场类似问题的一次难得的排练。复杂的可变因素和非常现实的后果会带来诸多挑战，这需要各种计划和各种技能才能很好地应对。

　　5. **帮助孩子学会自主学习**。父母帮助孩子学会自主学习极其重

---

① 也可能会碰到一头熊，孩子必须准备好射杀这头熊，将其就地开膛收拾干净，然后大快朵颐地享受熊肉。在几乎任何一个现代职场，这项技能都能非常有效。为这个脚注我表示歉意，因为我刚刚观看了影片《还魂者》。

要。人们一般认为高中会教给学生如何自主学习，但实际上高中课程里根本没有这样的内容。要帮助孩子规划他们的学习。哪些内容对他们重要？下个学期他们想学什么？下个月或下个星期他们想学习和完成哪些跟教育有关的内容？还有，他们获得成功需要什么样的资源，以及你怎样帮助他们？几乎没有人问孩子这些问题，他们等着老师告诉他们要学什么。教孩子自主学习会让他们拥有更多的自主权并且有助于他们在未来获得成功。这是父母能够在孩子的生活中扮演的一个极其重要的角色。

3. 如何应对一名不好的或者不公平的老师

挑战

某些时刻，你的孩子将不得不面对一个令他们不快的现实：有些事情自己说了不算。①

人在成长的过程中都要学着如何与生活中的权威人士相处。比如，你知道有一位老板意味着什么，你的老板对你的生活和幸福的某些方面有控制权。他们能够改变你的工作职责，调换你的工作岗位，甚至解雇你。

孩子们也早已有了这些类型的老板，只不过称呼不同而已：教练、校长以及值班经理。如果你的孩子还未成年，那么学习就是他们的"工作"，他们的老师就是他们的"老板"。帮助孩子应对各种各样的权利关系以及形形色色的权威人士是生活中一个极为重要的部分。

有时候这个过程很简单，也很值得。可是有时候就像成人世界中那样，孩子将不得不应对一个"坏老板"——一个难相处的教练或者一个行事不公的老师。下面介绍如何帮助孩子成功应对这些令人遗憾的情况。

---

① 可以说他们已经很清楚这一点了，因为每隔一个星期六的早上你就会拖着他们去上高野太太的钢琴课，那位高野太太闻起来有股接骨木和维克斯膏药的味道。

你的目标

教给孩子一些实用的策略,让他们能够有礼有节地应对一个行事不公的权威人士。这样,当他们下一次碰到这种情况时,就知道该怎么办了。

会发生什么

你会忍不住想出面解决问题。这可以理解:当听说你的孩子正和一位老师闹矛盾,你便想介入来化解矛盾。但是就像你无法代替别人去健身一样,你也不能替孩子去化解矛盾。你必须训练孩子,让他们自己成熟而睿智地应对不公平的(甚至是很糟糕或不合格的)权威人物。成长中包含了如何处理各种问题,这包括了处理与权力人物之间的矛盾。让青少年自己去处理棘手的局面并从中学习,这远远胜过让别人代劳。

想想你碰到不公平的、卑鄙的、不称职的老板时是多么沮丧吧,简直会让人发疯。[①]孩子同样也会恼怒,只是缺少"成熟"这个过滤器以及一个完备的成人大脑所具有的策略。你必须帮助孩子静下心来,看清事态,然后详细指导他们如何缓和并最终化解矛盾。教孩子在特定的场合说什么样的话,这一招常常管用。让他们模拟这样的对话并熟记在心。这会让他们获得信心和一种"比赛战术"。或许这样的模拟对话并不奏效,但至少你的孩子已经尝试过了,而且有了心理准备。

此外,你唯一需要介入并采取行动的情况是:孩子说某位老师或权威人物对他们做出非法或者不道德的行为,或者从孩子的描述中你推断出,这些人对孩子有身体、言语或情感上的虐待行为,由此导致了你合

[①] 与老板相处极不愉快的一天快要结束时,我的朋友马特告诉我他正在"认真地考虑无家可归的种种好处"。

乎情理的安全担忧。这时，即使孩子是在夸大事实，你也应该立刻进行调查并向具体负责的校领导和地方当局报告此事。

怎么办

主要有三种类型的坏老师或者不公平的老师，下面具体分析应对策略。

第一种：老师没准备好并且/或者讲课没有条理。

因为备课不足，评价策略含糊，学习目标不明确，这种老师常常会让学生感到沮丧。

孩子可能会说"我都不知道我们上课在干什么"或者"从这个课堂上我什么也学不到"或者"考试跟课堂所学没有一点关系"或者"我甚至不清楚我的分数是怎么来的"。

策略：让孩子和老师充分地交流

指导孩子巧妙地（并且礼貌地）推动老师的工作，让老师的教学变得更加条理、清晰。让孩子私下约见老师，弄清老师的想法。在见面的过程中，孩子应当记录接下来要做哪些计分的项目和作业，而且，应当询问老师需要采取哪些步骤能确保自己完成课堂的学习目标。不要说"我想提高我的分数"这样的话，而要说"我想确保自己达到你对班里学生期待的目标"。

孩子需要表达观点："我想在您的课上好好学习，获得成功，但是有时候我不清楚自己该做什么，您会采取什么考核方式呢？我怎么样才能做好充分的准备并获得成功呢？您能否帮我把这些列一下呢？"

第二种：老师做事不公平、厚此薄彼

这种老师执行班级规则不公平，从而使学生受教育的热情不断受挫。

你的孩子可能会这样说"我被冤枉了"或者"我可是什么也没干啊"或者"老师做事不公平",甚至会说"老师偏心"。

策略:谦逊地对待老师

指导孩子私下里以一种愉快的方式为自己辩解,这样可以化解老师的怒气。第一步是私下去找这位老师,因为当着全班的面与老师对着干根本没用。如果孩子因被某位老师单独惩罚而感到不公平或者认为某位老师的处事原则明摆着不公平,教孩子以谦逊的态度与该老师讨论此事。孩子可以先道歉,然后申明,再做解释。打个比方,因为孩子的课桌旁有一张糖果包装纸(并不是他丢下的),所以就被老师认为他在课堂上吃了万圣节的糖果(违反了课堂规定)并被老师留了下来。孩子可能会当着全班同学的面向老师抗议,这会让老师觉得自己的权威受到了挑战,于是他很可能会态度强硬,变得更加顽固。现在所有的沟通都中断了,而孩子为此事一直耿耿于怀。

孩子需要表达的观点:用"我同意"这样的词和"我"开头的陈述。首先,肯定老师有权制定规则。"我同意您的看法,上课吃糖不对。我觉得这是一条很好的课堂规则。如果我违反了这条规则,我接受放学后被单独留下的惩罚。但情况不是这样的。"然后,使用"我"开头的陈述,不要说"你是一位不公平的老师",这样会让老师立刻产生抵触心理。要说"我当时没有机会向您解释,我没有违反那条规定。我没有吃万圣节糖果放学后却被留下了,我觉得这不公平。"

第三种:老师刻薄无礼

这种老师将学生当下属对待,或利用他们的权威地位不尊重学生的人格。

孩子会说这样的话"那一点都不公平"或"我不敢相信老师竟然对我说那样的话"或"我不要再上那个老师的课了"或"那个老师真讨厌"。

策略：成熟的冲突消解

教育孩子要宽宏大度。如果你的孩子陷入了与一位老师的消极对抗之中，劝他主动结束这种无休止的对抗，这需要非常成熟的心态。但是，你要说服孩子主动去找老师道歉并请求私下面谈。重要的一点是你的孩子需要承担起造成紧张关系自己的那份责任。（即使你的孩子有1%的责任而老师有99%的责任，那他也必须为那1%的错误承担100%的责任）

孩子需要表达的观点："我尊重您的权威，我也想在这个班里不断进步，是不是我说的哪些话或者做的哪些事让您觉得我对您不敬呢？"这样说表明孩子愿意用心倾听老师的意见，这会大大增加该老师倾听学生意见的可能性。倾听和尊重一般会换来别人的倾听和尊重。接着，指导孩子在表达委屈的过程中用这样的表达"我觉得当……那是不公平的。"细致地描绘当时的场景，说明为什么老师当时说的话听起来不尊重人，记得，提醒孩子态度一定要诚恳。

恭敬地面对老师来解决问题：情况会怎么样

画面渐显：室外，一所高中，周四下午2:30左右

画面溶至：室内，教室

塞哈莫尔先生，一位老师，正站在一块白板和摆满作文的大桌子前面，看着全班学生。

许多学生坐在座位上，其中包括豪尔赫，一个满头黑发的16岁青少年。铃响了。

塞哈莫尔先生：好了，年轻人们。就到这吧。把你们的作业交上来，咱们明天见。

豪尔赫：（等其他学生都陆续走出了教室）谢谢您同意放学后单独跟

我谈话。

塞哈莫尔先生：不客气。

豪尔赫：我是想跟您谈谈那份研究报告。

> **这句话要传递的意思：**
> 你向老师请求私下交谈表明这件事对你很重要（因为你占用自己的休息时间来谈此事）。周围没有其他人也会让老师放松，这不是在全班面前对他权威的挑战。

塞哈莫尔先生：是今天本来要交的那篇报告吗？

豪尔赫：是的，就是那一篇。

塞哈莫尔先生：你还没交的那篇？

豪尔赫：是的。

塞哈莫尔先生：占你成绩15%的那篇？

豪尔赫：是的。首先，我想为自己没有按时交作业向您道歉。我事先清楚什么时候要交作业的，但我没有及时交。这是我的不对。

> **这些话传递的意思：**
> 道歉让人消气。它表达了谦逊的态度。

塞哈莫尔先生：当然了。

豪尔赫：我理解您关于作业最后期限的规定。

塞哈莫尔先生：不许晚交作业。

豪尔赫：而且我赞同这个规定后面的原则，我想它是为了教会我们要有责任心。

> **这些话传递的意思:**
> 通过赞同按时交作业很重要,来消除老师的怒气。
> 这样老师会更有可能同意你随后说的话。

塞哈莫尔先生:是的。

豪尔赫:我不是在故意偷懒,我也不是在故意逃避作业什么的。

塞哈莫尔先生:哦……

豪尔赫:如果您查一下我的记录就会发现,我从不晚交作业。

> **这些话传递的意思:**
> 你一直都是服从老师安排的。

豪尔赫:我的论文大部分已经完成了,您看我后天交可以吗?

塞哈莫尔先生:嗯,要是我为你开了这个绿灯,那我得给每个人开绿灯。

豪尔赫:塞哈莫尔先生,我可以解释一下我为什么没有完成论文吗?我不是在找借口,确实是有特殊原因。

> **这些话传递的意思:**
> 每个人听到"借口"这个词都会皱眉头。
> 但是,"原因"是对某事为什么会发生所做的解释。

塞哈莫尔先生:讲吧。我不知道它有没有用。

豪尔赫:呃,它对我挺重要的。是这样的,我的小妹妹在学竞技体操。上个周末她参加了地区比赛。我们全家人去给她加油。她表现得特别棒并且进入了下一轮比赛。我原先以为比赛只有六个小时,结果它持续了十四个小时。我就没时间完成我的论文了。

> **这些话传递的意思：**
> 实事求是地解释可能会让老师替你着想的。

塞哈莫尔先生：哦，这个作业已经布置好几周了，莫雷诺先生。

豪尔赫：是的，我本来计划用上个周末来完成那篇论文的，但是有时候计划赶不上变化。对吗，老师？

> **这些话传递的意思：**
> 所有人都知道有时候生活会不如意，会有意外的事情发生。
> 你只是在提醒老师这个事实。

塞哈莫尔先生：没错。

豪尔赫：我没有完成论文，这是我的不对。但是我会写完的，我保证下不为例。

> **这些话传递的意思：**
> 像豪尔赫这样承担起全部责任并承诺下不为例，
> 你就会让老师放心，不用担心这种情况会再次发生。

塞哈莫尔先生：好吧，莫雷诺先生。明天第六节课之前把你的论文交给我。

豪尔赫：谢谢您给我这次机会。

4. 帮助孩子对付欺凌者

特别感谢基思·贝瑞博士和萨米尔·辛杜加博士。基思·贝瑞博士是美国国家传播协会反欺凌专门工作组联合主席、《受欺凌了：有关折磨，身份，以及青年的故事》(*Bullied: Tales of Torment, Identity, and Youth*)一书的作者，萨米尔·辛杜加博士是网络欺凌研究中心的联合主任，他们就该话题的一些细节给出了咨询意见。

挑战

常言道：孩子是父母的心头肉。如果你那十几岁的孩子受到了欺负、戏弄、嘲笑，或遭到故意排挤，那么他肯定会很难受，你也会不开心。

受欺负的不单单是你的孩子：每十个学生中就有六个说曾经每天至少目睹一起欺凌事件。据美国教育统计中心称，学生受欺负的因素有：容貌（55%）、身材（37%）、种族（16%）。欺凌是所有青少年面临的一个不幸的现实。

我告诉你的是：虽然父母对欺凌有大体的认识，但还远远不够。

人们对欺凌事件感到生气是很正常的。你觉得这种愤怒是有道理的：在这个世界上残忍就不该有立锥之地。但是，这种最普遍的反应却几乎总是不全面的，这就导致成年人给青少年提供的解决办法常常是缺失的。

我说这句话的意思是：目前几乎所有的反欺凌研究以及各级各类学校的反欺凌活动都致力于为孩子打造一个安全的环境。理当如此。这当然是一件极好的事情。在过去几年中,学校都特别关注贯彻执行反欺凌计划和倡议。总体上来说,这些举措是非常成功的。事实上,校园里的打击欺凌计划使欺凌事件减少了25%。

这实在是太棒了。但是,如果你的孩子正在受到欺负,那么对你来说这些措施毫无意义。

成年人永远无法为青少年创造并维持一个恒久友好、充满同情心、善意且令人振奋的世界。这听起来很刺耳,可是,这就是事实。令人遗憾的是,我们并不是威利·旺卡,我们不可能让这个世界只有甜蜜的巧克力。

为孩子创造一个安全的、没有欺凌的环境是非常重要的。但是,还有一个缺失的部分真正需要成年人补起来。除了创造安全的环境之外,作为一个有爱心的成年人,你需要帮助孩子磨炼他们的韧性。

因为归根到底,欺凌并不是一个仅限于学校的问题,它是一个关乎人性的问题。

而且,尽管我们很想把那些霸道的、残忍的或者粗鲁的人从这个世界上完全除掉,但我们却无法做到。假期去购物中心的停车场试试,你就知道了。

我们大多数人能够回忆起自己受欺凌的一个场景,常常会记起一些令人难以置信的具体细节甚至言语(我记得的一句话就是"难怪你的父母把你抛弃了")。这些场景会长久地困扰着我们。当我们的孩子碰到这样的情况时,最明智的做法是设法帮助他们。

如果你用心去做,就能帮助孩子磨炼他们的韧性。这样,欺凌者和发生在同伴之间的激烈冲突就不会给他们造成太大的情感伤害。这不会是他们一生中要面对的最后一个冷酷、不近情理的人,你能做的就是给孩子提供一些方法,帮助他们在情感上处理欺凌事件带来的影响,让他们得以轻装前进。

你的目标

培养青少年的应变能力,帮助他们发展与人相处的能力,以便他们能够处理憎恨情绪并且相信自己有能力解决社会性和人际关系方面的问题。

会发生什么

到底什么是欺凌?

或许我们需要一个正式的定义,以下是专门研究此类问题的社会科学家对欺凌的定义:

- 欺凌无一例外地是一种故意的行为(不存在偶发性的欺凌)。
- 欺凌是一段时期内反复发生的行为。
- 欺凌总是在双方力量不平衡的情况下发生的。这种力量的差异有可能是身体上的(强壮与弱小),关系上的(受欢迎的与不那么受欢迎的),情感上的或者心理上的。
- 这种力量上的不平衡大多数情况下使受害者不太可能保护自己。
- 欺凌是一种以不断削弱另一个人的积极自我认识为目的的攻击性行为。

但是归根结底,对欺凌下的各种定义,哪怕是社会研究工作者所下的精确定义也并不值得认真讨论。问题的核心是欺凌给受害者造成的严重影响。你的孩子是否因为另一个孩子故意的言语和行为受到了消极的影响?这你应该调查清楚。

反复被人欺负会影响孩子的智力水平,这是因为被欺负会导致紧张,而紧张会导致皮质醇水平升高。当这种荷尔蒙水平很高的时候,孩子的记忆力就会受到严重的影响，有时连记住家庭作业这样简单的事情也变得很困难了。受欺负和成绩之间有着确定的相关性。人们眼中的差等生或者不爱学习的学生事实上可能只是不能按时完成作业或未能理解课堂内容的学生。

孩子想知道你是否会站在他这边

当孩子说自己受到了欺负时，家长千万不要对此置之不理。或许他们的天线正在搜寻传播理论家称之为"否定信息"的东西，即刻意轻视某一描述和描述者的信息。这种轻视的表现可能很微妙，比如一个成年人会说"嗯，你对他做了什么？"或"你为什么不保护自己呢？"这些信息都是在挑毛病，至少孩子会这样认为。孩子已经遭受了欺凌者的贬损，不要让他再遭受一次了。在你面前的是一个情绪激动的青少年，不管他的描述是否完全符实，关键是这个描述是通往真相的桥梁。

怎么办

1. **让孩子明白痛苦是生活的一部分**。大多数文化将痛苦看成是生活不可避免的一个方面，是丰富人生阅历、磨炼品质的一个途径。你可以帮助孩子明白，痛苦是我们每个人都会经历的，他们应该对来自他人的障碍，甚至憎恨有所准备。但这并不意味着生活不再有意义，恰恰相反，它意味着孩子们有机会演绎一段更加精彩的故事。所有杰出作品中的伟大人物都必须克服一些障碍。你甚至可以用孩子最喜欢的某部电影或者某本书中的一些人物为例，帮助他们明白这个观点。

2. **利用能体现你坚韧品质的亲身经历**。有哪些你征服了艰难困苦的例子？与孩子们一起分享这些故事。你以为孩子对此不以为然？他们不会的。当你在给他们讲你的祖父母是从另一个国家长途跋涉来到美国，经过艰难打拼才成立了一个小型公司的时候，孩子们会发现，原来他们也是这个关于顽强奋斗的故事中的一部分。这会给他们注入不畏艰险、排除困难的勇气，就像他们的父母或者祖父母那样。可以跟他们这样说"我能给你讲一个我感觉特别丢脸的经历吗？"或者"我跟你分享一个我亲身经历的故事好吗？我当时面临着一个特别大的困难，跟你现在的情况一样。"

3. **利用一些能增强韧性的辅助活动。**看看那些古老的教堂，你会发现它们是建筑学的奇迹。它们之所以能建得那么高，是因为它们两侧有加固的承重扶壁。同样，通过让孩子参加能增强毅力和吃苦精神的活动，也可以增强孩子顽强抵抗欺凌的力量。沿着那条崎岖的道路徒步行走，然后背着20磅（约9千克）的背包再走一遍。完成一次五千米的赛跑，然后一起报名再参加另一项赛跑。日复一日地琢磨如何利用网上的说明来玩魔方。不管何时，只要青少年自己努力（或被人督促着），不断超越他们自认的极限，他们的思想就会更有力量。他们会获得对自己更加清晰的评价，然后他们就可以说："啊，我成功了。我是一个坚韧的人。"想一件孩子喜欢或想做的，同时又非常困难的事情，然后鼓励孩子勇敢去做。

4. **教会孩子哪些声音要调高，哪些声音要调低。**我有意重新提到这一点是因为，尽管现实当中的欺凌和网络欺凌发生的方式不同，但两者对孩子在情绪上的影响是类似的。那就是它们都会逐渐削弱孩子的自我认识，并且使他们的心灵陷入困境当中。要教会孩子当他们有这样的感觉时该如何应对。这种情况下，帮他们找几个可以信赖的人（伙伴和成年人）来客观地评价孩子非常重要。这些评价应该既有赞扬的（"你超有幽默感"），也有批评的（"有些时候，你在一个新环境里的做法可能会让人生气"）。你可以对他们说："瞧，攻击你的人压根就不认识你，所以你要有意识地调高认识你的人的声音，让我们把这些人列一个名单吧。"

5. **如果出现了人身伤害威胁，要立刻介入。**在出现了人身伤害威胁的情况下，作为父母你必须要做出反应。这种威胁可能是笼统的（"我要杀了你"),也可能是具体的("我要去你家开枪崩了你")。不要以为这是闲扯而不当回事儿。要报警,而且要向校方报告此事。你必须认真地对待这些威胁的话语。

6. **建议咨询**。问孩子这个问题:"这件事你跟别人谈谈会管用吗?"如果孩子的回答倾向于肯定,那么带他去接受咨询。虽然我们觉得孩子没错,但是我们认为进行咨询更好。因为咨询能使青少年获得一个明确的盟友和家庭之外的支持,能帮助孩子找到一个向导,能让孩子明白自己的羞耻感和内疚完全没有必要。还有,咨询可以使孩子发现自我,重新鼓起勇气。

青少年联盟状况:欺凌

- 几乎每四个学生当中就会有一个学生(22%)报告说在本学年受到过欺凌。
- 每十个学生当中就会有六个学生说他们曾在一天内目睹了至少一次欺凌。
- 学生报告当中,被欺凌最常见的原因是长相(55%)、身材(37%)、种族背景(16%)。
- 大多数的欺凌事件中,40%~75%会发生在课间、食堂、浴室、走廊。
- 食品过敏的学生当中,30%的人经常受到奚落或者威胁,会有人向他们扔或者挥舞过敏源。
- 如果被欺凌者的同伴及时介入干预,57%的欺凌会在10秒钟内终止。
- 小学生在校内遭受欺凌的比例是39%。
- 中学生在校内遭受欺凌的比例是20%。

在对14000名高中生做的调查当中,最常见的欺凌方式如下:

- 嘲讽: 66%
- 辱骂: 66%

- 嘲笑：44%~49%
- 造谣：26%~32%
- 人身攻击：24%~29%

学生认为其他同学遭受欺凌最常见的原因：

- 体型/外貌：36.2%
- 实际的/被认为的性别取向：19.2%
- 人种/种族渊源：10.4%
- 学习能力：10.1%
- 他们多有男人味儿或多有女人味儿：9.2%

遭受过以下类型欺凌的学生的比例：

- 在校被欺凌：21.5%
- 被取笑、辱骂、羞辱：13.6%
- 被散布谣言：13.2%
- 被推搡、绊倒、被人吐口水：7.4%
- 被故意从活动中排挤出去：4.5%
- 受到人身伤害威胁：3.9%
- 被迫做自己不喜欢做的事情：2.2%
- 个人财物受到故意损坏：1.6%

某些形式的欺凌是非法的

教育部向所有公立学校发放的备忘录中，提醒各个学校的领导和管理人员，一些违反学校反欺凌政策的不端行为，可能会因触犯随1964年民权法案设立的教育部民权办公室执行的一项或者多项联邦反歧视法而承担责任。教育部规定，"因种族、肤色、国别、性别或残障引发的学生间的骚扰，并造成大规模的对立时，校方员工对此骚扰纵容、容忍、未予适当处理或置之不理的，则判处该校区管理人员违反了民权法以及教育部的相关实施条例。"

结语：
你的声音比你想象的更重要

《纽约时报》刊发过这样一篇报道：一个爸爸正和他不满13岁的女儿沿着东汉普敦的街道走着，这位爸爸开始哼唱起来，女儿尴尬极了，扭头央求说："爸爸，请不要再唱了。"

那个爸爸是谁？比利·乔尔。

没错，他就是那位在麦迪逊广场花园举办过32场音乐会且场场爆满，人人都想听他一展歌喉的那位比利·乔尔。但是对他的女儿来说，他并不是那位六次斩获格莱美奖的比利·乔尔。他只是这个世界上最让人感到尴尬的爸爸。

也许，这对普通父母来说是一个绝妙的消息，因为这说明，并不是只有你的孩子不欣赏你的优秀。但是有一点你必须明白：你完全明白这个道理并不会让你内心的伤痛稍有减弱。

现在，青春期的孩子正在经历很多事情。他们正处在人生的煎熬期，他们在努力地认识自我，认识自己与父母的差异。所以，他们会翻白眼，会叹气，会进行言语攻击。我们所有人都这样做过。你没有吗？这些行为几乎是一种宣告孩子进入青春期的仪式。

但是，如果你为父母的我们不细心，就可能将这些复杂交织的信息误读为"走开！"。那是很伤人心的。你我都知道，为人父母是一场从未有人给你讲过的严峻考验，里面尽是泪水、焦虑和笑声。一言难尽。

不管你为孩子付出多少，有一点我敢保证，做父母往往是一件吃力不讨好的活儿。没有人会给好的父母颁奖，国情咨文里不会提到你，也不会有人在奥斯卡颁奖大会上给你颁发终身成就奖。

那你为什么还要心甘情愿地付出这么多呢？因为当你爱一个人的时候，你就会这样做。

你给他们换尿布。

你会在他们晚上做噩梦惊醒之后又轻轻地摇着他们回到梦乡。

你帮助他们解决数学难题。

你会倾听他们述说伤心的事情。

在参加葬礼时，你会握着他们的手。

因为，爱就是这样。

即使孩子发出的让人困惑的信号似乎在否认你的重要性，你的声音依然是他们生命中最重要的声音。在他们真心面对自己的时候，孩子本能地知道他们需要你的声音。

所以，要像比利·乔尔学习，接着唱。因为你的声音很重要，非常重要，比你想象的还重要。

就这样——接着——唱。

感谢你正在做的一切。在这本书里遇到你是我的荣幸。

乔希·西普
提供的资源

每个青少年都需要听到的 8 句话

《科学》杂志最近的一项研究表明，成年人每天要说 16,215 个词语。

下面是所有青少年，不论其具体年龄和所处阶段，都需要从你那里听到的 8 个短句，每个短句最多 5 个字。

1. 我爱你。

这句话特别重要。要时刻有勇气对孩子说这句话。一些大人告诉我，他们从来没有从自己的父母那里听到过这句话。如果孩子从你这儿都听不到这句话，我不知道他会从哪里听到。

2. 我为你骄傲。

作为父母或有爱心的成年人，在孩子的努力和成就之间，要把更多的掌声送给努力。这一点很重要，因为成就对于我们竞争的群体来说常常是主观的，所以送给努力的掌声和奖赏要多于送给成就的，而且要让孩子明白，你为他感到骄傲。

3. 对不起。

让孩子明白，成年人要有担当。我们必须要给孩子示范，当我们犯了错误时，作为成年人是如何道歉的。不要讲推卸责任的话，例如"对不起，可是……"记住，青少年会从我们的言谈中，学到一些东西；从我们的行为中，学到很多东西；但是从我们的品质中，学到的东西最多。

4. 我原谅你。

年轻人必须懂得失败是成功之母。青少年经常会把事情搞砸，这是常有的事。问题是，当他们不可避免地把事情搞砸的时候，你会怎么做?听到你说"我原谅你"时,孩子就会明白承认错误没事。

5. 我在听。

与处于青春期或即将进入青春期的孩子相处不能依靠控制,而是要靠影响。你无法控制一个 15 岁的孩子,但是你能够通过倾听和提问来影响他。讲大道理不如先问孩子一些重要的问题然后仔细倾听更有效,后者会帮助青少年对形势做出成熟的判断和决定。

6. 这是你的责任。

不要帮助孩子处理他们自己能够解决的问题。相反,我们要向教练学习:赛前让他们做好准备,比赛时在边线处给他们加油,然后给他们分析哪里做得好,哪里做得不好(同样在边线处)。我们有种想上场帮助他们的冲动,但是要待在场下!如果你替他们解决问题,他们就会将此理解为他们还不具有所需的能力。正确做法是,你要在场给他们提供精神鼓励和指导,但是要让他们自己来承担责任。

7. 你能行。

听到你说他们能行对孩子们很重要。因为你的信任,面对艰难险阻时他们会更好地准备,并一步一步地实现自己的目标和梦想。

8. 不行。

有时候,你能告诉孩子的最有爱心、最体贴的一句话是"不行"。放心吧,他们不会每次都领你的情。但是多年以后,回首往事,他们会称赞你当时的睿智。对错误的否定,就是对正确的肯定。

间接了解孩子"今天在学校过得怎么样"的21种问法

桑普勒·西蒙公司的共同创办者伊丽莎白·埃文斯授权使用以下内容。

1. 有了什么东西你们的学校会更好？缺了什么东西你们的学校会更好？
2. 如果你是老师，你愿意教什么课？
3. 你今天看到最棒的（最让人难过的、最有趣的、最恐怖的）事情是什么？
4. 你今天学会了什么？
5. 如果今天上课的内容就是看一部电影，你愿意看哪一部电影？
6. 你觉得可以对谁更好一些呢？
7. 对你来说哪门课最容易？哪门课最难？在哪门课上你学到的东西最多？在哪门课上你学到的东西最少？
8. 如果你会读心术，你想读懂哪位老师的心啊？
9. 如果让你给今天配一首主题歌，你会选择哪首歌？
10. 你最喜欢哪个班级里的同学呢？
11. 你觉得在学校里什么事情你应该多做点呢？
12. 你听到同学们课间聊天说得最多的三件事情是什么呢？
13. 你认为上学最重要的部分是什么？
14. 如果有一架外星飞船降落在你们学校，你希望谁被牵引波带到飞船上，并被带到外星球？

15. 今天你帮助过谁？今天谁帮助过你？

16. 一天当中，你最盼望哪个时间？一天当中，你最害怕哪个时间？

17. 你想对学校的午餐做什么样的改进？

18. 你觉得哪位同学最有可能被逮捕 / 被选为总统 / 成为百万富翁 / 成为电影演员 / 在图书馆放走一群野鸡呢？

19. 如果你每天只能上一堂课，你会选择什么课？

20. 如果今天可以用一个表情符号表示，你会选择哪个表情符号？

21. 你觉得今天放学以后老师们会在办公室里谈论些什么呢？

与孩子建立良好关系的 42 个方法

1. 单纯与他们去享受一顿午餐。
2. 带他们去参加一个活动，让他们感受到意外的惊喜。
3. 亲手写一张卡片送给他们，不必是特殊的场合。
4. 每周不定期地给他们发送鼓励性的短信。
5. 关心他们所关心的事情。
6. 告诉他们，你为亲眼看到他们做某件有意义的事情而感到骄傲。
7. 参加他们的活动，如体育运动、乐队演奏、戏剧表演、辩论。
8. 教会他们正确的握手方式。
9. 把他们的烦恼看作潜在的财富。
10. 直截了当地告诉他们家庭面临的困难。
11. 你把事情搞砸的时候，要立刻坦诚地道歉。
12. 问他们最喜欢哪部电影，然后二话不说就带他们去看。
13. 问他们对自己未来职业的打算。
14. 让他们参与做重要的决定。
15. 让全家人一起参与他们曾告诉你的他们喜欢的活动。
16. 当你面对孩子令人生气的/毫无目的的/情绪多变的行为时，要仔细想一想，"他们的真实想法是什么？"
17. 看到他们在做好事，就要当众表扬他们。
18. 每周挤出一些固定时间跟他们待在一起。

19. 问他们一些有助于发展批判性分析能力的开放性问题:"如果可以,你想对你们学校做哪些改动让它变得更好?"

20. 理解他们的恐惧,即使你觉得那没有道理。

21. 一起观看一部重要的纪录片并加以讨论。

22. 讨论杰出人士的生活、成就,甚至失败。问他们最钦佩谁以及原因。

23. 列出他们让你钦佩的十个地方,并把这个清单给他们看。

24. 鼓励他们阅读重要的有关自我发展的书籍。

25. 鼓励他们把新闻报道中一位有同情心的人作为自己学习的榜样。

26. 经常与他们就重要的话题单独聊上几句。可以这样开始你们的谈话:"让我们讨论一个有挑战性的话题吧,只需要五分钟。"

27. 问问他们关于自己的前途最担忧什么。

28. 即使遭到他们的拒绝也要不断地邀请他们。

29. 跟他们的朋友聊天,记住他们的名字并做他们的拥护者。

30. 和他们一起到当地的非营利性机构做志愿者。这会培养他们的感恩之心和明辨是非的能力。

31. 问问他们最喜欢哪首歌,听听那首歌,并且体会歌声和歌词之外更深的含义。

32. 固定好一个时间一起吃饭(比如每个周日晚上)。

33. 不要在他们的朋友面前贬低他们。

34. 听听他们对新闻报道中政治事件的看法。

35. 如果条件允许,跟他们一起去旅游。让他们指定目的地。

36. 把更多的赞扬给付出的努力而不是努力的结果。

37. 要言出必行。

38. 令人不快的话题除非是被自然地提及,否则另外安排时间去谈论。

39. 随机和孩子单独相处,给他们一个惊喜。

40. 一起去看单口相声表演或者一部有趣的电影。
41. 让他们帮忙做一件很重要的事情。
42. 挑一道很难做的菜,然后照着食谱和他们一起做。

孩子（现在还）写不出来的信

以下内容经哲学博士、执业心理学家、哈佛大学医学院研究员、《穿越精神创伤之旅》（*Journey Through Trauma*）作者格雷琴·施梅尔策授权使用。

亲爱的爸爸妈妈：

我希望自己能把这封信写出来。

目前，我们之间的这场斗争是我需要的，我需要这场斗争。我无法告诉你这个，因为我不知道该怎么用言语来表达它，而且跟你讲也没有任何意义。但是，我真的需要这场斗争。特别需要。现在我需要恨你，也需要你能够经受得住。我需要你能够经受得住我对你的憎恨和你对我的憎恨。虽然我也恨这场斗争，但是我需要它。这场斗争因何而起并不重要：晚上几点必须回家、家庭作业、要洗的衣服、凌乱的房间、出去玩儿、待在家里、离开、不离开、男朋友、女朋友、没有朋友、坏朋友，都不重要。我需要在这些事情上跟你斗争，而且我需要你反击。

我拼命地需要你抓着绳子的另一端，要抓得紧紧的，特别是当我在绳子的一端胡乱扑腾时，我想在这个我刚感觉到的新世界里寻找抓手和立足之地。过去，我知道自己是谁，你是谁，我们是谁，但是现在我不知道了。现在，我正在探寻自己的极限，有时只有当我使劲拉你手中的绳子，使劲拽你的时候，我才能发现它们。当我把过去的一切都推开的时候，我才能感觉到自己的存在，才得以呼吸片刻。我知道你内心渴望我能像过去一样乖。我懂你的心，因为我也渴望能回到从前，然而正是这种渴望让我现在非常痛苦。

我需要这场斗争，而且我需要看到，不管我的情绪是多么的糟糕，多么的强烈，它们都不会将你我摧毁。即使我表现出自己最糟糕的一面，即使"我恨你"，我仍然需要你爱我。为了我们两个人，现在我需要你既要爱自己，也要爱我。我懂得被人讨厌或被人贴上坏蛋标签的感觉。我心里也不好受，但是我需要你包容我并且让其他的成年人帮助你，因为我现在控制不了自己。如果你想把你所有的成年朋友召集在一起，举办一个"在孩子面前挺住的支持团抗议集会"的话，我能接受。或者在背后谈论我，我不在乎。只是不要放弃我。不要放弃这场斗争。我需要它。

这是能够让我明白我的阴影不及我的光明的斗争，这是能够让我明白坏情绪并不意味着关系终结的斗争，这是将教会我如何倾听自己心声的斗争，即使此刻它可能会让别人感到失望。

这场特别的斗争终将会结束，就像任何一场风暴，它将会消散。我会忘记，你也会忘记。然后它又会卷土重来。我将需要你再次抓紧绳子。我需要这个过程，一遍又一遍，持续多年。

我知道你干的这份差事没有内在的让人感到满意的东西。我知道自己很可能永远不会因为你做了什么而感激你，甚至不会承认你的付出。事实上，我很可能会把所有的不快和难过归咎于你，似乎你做的永远都不够。可是，不管多么嘴硬，不管怎么生气，不管如何沉默寡言，我能坚持这场斗争，全靠你的能力。

请紧紧抓住绳子的另一端。请相信，在所有人为我做的事情当中，唯有你所做的最为重要。

爱你，
你的青少年

青少年使用手机的相关协议

亲爱的父母：

　　设计这份协议是为了让你能够和孩子就他们如何使用手机保持畅通无阻的交流。目的是帮助孩子能够做到与科技共存，不为其左右，最终成为全面发展的人。

　　你很可能会发现自己目前处于下面两种情况之一：

　　第一种情况：他们已经有了一部手机，但是明确的规定却没有到位。

　　这种情况下，和孩子协商可能有点儿困难，你一定要有心理准备。他们会觉得，游戏早就开始了，你现在才想起制定比赛规则，这不公平。这时，你要向孩子承认你过去疏忽了（凡人难免）并且要向孩子说明，你现在这么做是因为关心他们（这一点千真万确）。

　　第二种情况：你很快就会给他们买一部手机。

　　天赐良机！一定要把握住这个最佳时机，让孩子接受你的条件。当你递给他们这个闪闪发光的小玩意的时候，提醒孩子："你只需要仔细阅读一下这份有关使用手机的协议，在上面签个字，然后手机就归你了！"

　　接下来，根据实际需要对这份协议进行编辑，让它变成你自己的。①

　　鼓励孩子向你提问，问答过程会特别有趣，你们想笑就尽情地笑吧。

　　　　　　　　　　　　　　　　　　　　　　　　干杯！

　　　　　　　　　　　　　　　　　　　　　　　　乔希·西普

---

① 在 joshshipp.com/ggtth 网站上，你可以下载到该协议可编辑的版本。

亲爱的 _____ :

　　祝贺你！你已经证明自己足够成熟并且有责任心来使用手机了。既然我们将一部崭新的手机交到你的手里，我们当然相信你能够做出明智的决定。为什么我们还要让你在这张蹩脚的、写满你或许早已知道内容的协议上签字呢？

　　好，让我讲给你听。

　　一部手机不仅仅是一件科技产品，如果使用不当，它就会变成一件危及你安全的武器。你一直是一个很棒的孩子，我们这么做是想确保你能继续做出明智的选择。

　　这份协议的目的是要确保你会一直安全和快乐，也是为了确保我们之间始终存在一条畅通无阻的沟通渠道。所以，请郑重做出承诺，不论何时，你用手机都是为了办正事，当你遇到让你感觉害怕或者没有把握的情况时，要向我或者可信赖的成年人寻求帮助。

　　请仔细阅读这份协议，有任何疑问，一定要提出来。

爱你，

_____

手机使用协议

1. 我理解以下规则是出于对我安全的考虑，而且我知道父母爱我胜过一切。我理解父母想让我自己进行明智的选择，同时又要给我提供足够的安全保障。

　　确认：＿＿＿＿＿＿

2. 我承诺会让父母一直知晓我的手机密码。我同意，即便未经我的允许，只要父母认为有必要，他们有权随时查看我的手机。

　　确认：＿＿＿＿＿＿

3. 平时晚上一到＿＿＿＿点（时间），我就会把手机交给父母。周末晚上一到＿＿＿＿点（时间），我就会把手机交给父母。我会在上午＿＿＿＿＿点（时间）拿回手机。

　　确认：＿＿＿＿＿＿

4. 我保证不发送或者接收裸体图片，任何时候都不会。我理解那样做可能会引发严重的法律后果，从而危及我自己和父母的生活。

　　确认：＿＿＿＿＿＿

5. 我保证绝不会用手机搜索色情内容，或者其他任何我不愿意让祖母看到的内容。

　　确认：＿＿＿＿＿＿

6. 我理解我在手机上的行为可能会对我未来的声誉造成重大影响，甚至会以我目前无法预见的方式造成影响。

　　确认：＿＿＿＿＿＿

7. 收到陌生人的可疑来电或短信时，我会告诉父母。如果有人通过手机骚扰我，我也会告诉父母。

确认：_____

8.等我到了合法驾驶的年龄，我不会边开车边发短信。我明白那是危险而愚蠢的行为。

确认：_____

9.在公众场合，我会把手机关闭或调成静音或收起来，特别是在饭店、影院、跟他人交流的时候。我不是一个粗鲁的人，我不允许手机影响我的形象。

确认：_____

10.我保证永远不用手机来欺负别人或者取笑别人，即使别人觉得这样做很有趣，我也不会的。

确认：_____

我理解，拥有这部手机不是一项基本权利，而是可以被取消的特权。至此，我已仔细阅读这份协议并同意上述规则。我明白如果有任何疑问，我应该提出来。

_____（签名）

与乔希合作

你可以通过以下三种方式从我本人和我的团队这里获取其他的资源和观点：

1. 网上注册获取专门为父母和有爱心的成年人准备的视频培训和内部简报。

登录 OneCaringAdult.com 来获取培训内容，注册获取内部简报。我们的资源涵盖了广泛的主题，其中包括：

当孩子发泄情绪时，他无意识地想要告诉你什么。

父母会在无意中犯哪些可能遭到孩子怨恨的错误，以及如何避免这种错误从而使他们保持对你的尊重。

如何将孩子目前最大的弱点转变为让他们获得成功的优势。

2. 邀请我去你们学校或者你们的活动现场做演讲。

至今，我已经为全世界两百多万学生、父母、老师和有爱心的成年人做过演讲。我讲的内容与众不同，它发自肺腑、风趣幽默、周全实用。如果你想邀请我（或经我选定的一名演讲者）参加一次活动，请登录 TopYouthSpeakers.com。

3. 你想成为一名以青年为主题的演讲者。

如果你热切地想和孩子以及他们的父母分享你的心得，那么这条建议就是为你准备的。首先，请在 YouthSpeakerU.com 上面注册并参加我们的培训，然后我会与你分享如何通过演讲产生重要影响的具体步骤。

致　谢

亲爱的可敬的读者：

你很可能不认识下面这些聪明的、有魅力的、讨人喜欢的、热心帮忙的人，你也很可能看不懂下面这些圈内笑话。

所以，如果你要跳过这一部分，我可以理解并完全同意。

莎拉·西普：你是最好的，绝无仅有的。

伦敦：护法现身。（哈利·波特咒语）

凯蒂：你是我的女孩。

罗德尼与克里斯汀·威登梅尔：是你们教会了我这一切。

亚历克斯与罗克珊·派淳考勒：谢谢你张开双臂欢迎我。

顶尖青年演讲家（机构名）：你的影响是我事业最大的亮点。

哈珀·威弗：为你始终如一的信念和坚定不移的奉献而深表感谢。

大卫·A. 蒂歇：你对 21 世纪工作的趋势和挑战的深刻见解是无与伦比的。

梅根·贝特：谢谢你，参议员。

布兰登·斯宾那左拉：那个人就是你。

赞德·卡斯特罗：双份的！！！

特拉维斯·廷德尔：胡须的笑话一讲就是好几天。

杰德·华莱士：爱你，哥哥。

约翰·伍滕：每一次感谢都是一……

巴蒂奥尼·里夫斯·文策尔：拉克鲁瓦在路上。

瑞安·施瓦茨：先生，你是一个手拿羽管笔的魔法师。

钱德勒·博尔特：副标题是你弄错的。

杰米·奥利弗：谢谢你照亮了我的道路。

戴夫·拉姆齐：谢谢你的智慧和引导。

致我妻子众多的、充满爱心的、说话嗓门高的意大利家庭成员：我爱你们每个人，到现在我仍无法确信哪个才是我真正的亲戚。

克林特·帕尔多：6-4-3 双杀。

约书亚·韦恩：准备好八英里的路程了吗？

塔拉·基尔伯特：谢谢你让我们一直保持头脑清醒。

盖瑞·琼斯：为所有的垂钓之行谢谢你！

凯西·莫克拉斯：我们爱你，并且想你。

杰夫·伍顿：格里菲，你正在下降。

星期二晚上股份有限公司：铁磨铁，磨出刃。

凌晨五点跑步小组：为我们一路的相伴和友谊谢谢你。

埃里克·迪亚兹：我不知道该怎么感谢你。

马克爵士：火险天气指标系统，你太了不起了。

埃琳·纽玛塔：谢谢你一贯的信任和支持。

卡尔·Z：查尔斯为你感到骄傲，我也如此。

乔恩·塔尔伯特：火花塞点火。

韦斯盖特：作为你团体的一员是一种荣耀。

丹尼尔·哈里森：赶快使用推特网。

雷吉·乔伊纳与克里斯滕·艾维：我爱橘子黑手党，还有你们俩。

著作权所有，请勿擅用本书制作各类出版物，违者必究。

图书在版编目（CIP）数据

解码青春期 /（美）乔希·西普（Josh Shipp）著；李峥嵘，胡晓宇译 . —长沙：湖南教育出版社，2019.1（2024.5 重印）
ISBN 978-7-5539-6508-6

Ⅰ . ①解… Ⅱ . ①乔… ②李… ③胡… Ⅲ . ①青春期—家庭教育 Ⅳ . ① G782

中国版本图书馆 CIP 数据核字（2018）第 264410 号

THE GROWN-UP'S GUIDE TO TEENAGE HUMANS by Josh Shipp,
Copyright © 2017 by Brilliant Partners.
Published by arrangement with Harperwave, an imprint of HarperCollins Publishers.
Simplified Chinese edition copyright © 2019 Beijing Green Beans Book Co., Ltd.
All rights reserved.

湖南省版权局著作权合同登记图字：18-2018-368

JIEMA QINGCHUNQI

书　　名	解码青春期
作　　者	［美］乔希·西普（Josh Shipp）
译　　者	李峥嵘　胡晓宇
责任编辑	陈慧娜
特约编辑	徐　昕
出版发行	湖南教育出版社（长沙市韶山北路 443 号）
网　　址	www.jiaxiaoclass.com
微 信 号	家校共育网
客　　服	0731-85486979
经　　销	新华书店
印刷装订	天津旭丰源印刷有限公司
开　　本	710mm×1000mm　16 开
印　　张	18
字　　数	190 000
版　　次	2019 年 1 月第 1 版
印　　次	2024 年 5 月第 9 次印刷
书　　号	ISBN 978-7-5539-6508-6
定　　价	46.80 元

如有质量问题，影响阅读，请与湖南教育出版社联系调换。